Cuentos y poemas para un mes cualquiera

Camaleón

Cuentos y poemas para un mes cualquiera

JORDI SIERRA I FABRA

ANTONIO GARCÍA TEIJEIRO

Ilustraciones **ANTONIA CORTIJOS**

PLANETA & OXFORD

Avda. Diagonal, 662-664, 08034 Barcelona

Parque Empresarial San Fernando. Ed. Atenas. 28830 Madrid

Primera edición: enero 2005
Segunda impresión: diciembre 2005
Tercera impresión: octubre 2006
Cuarta impresión: enero 2008
Quinta impresión: enero 2009
ISBN: 978-84-96336-59-9
Depósito legal: M. 2.918-2009
Impreso por Brosmac
Impreso en España – Printed in Spain

FICHA BIBLIOGRÁFICA

SIERRA I FABRA, Jordi ; GARCÍA TEIJEIRO, Antonio
Cuentos y poemas para un mes cualquiera, Jordi Sierra i Fabra y Antonio García Teijeiro ; ilustraciones de Antonia Cortijos – 5ª impresión – Barcelona: Planeta & Oxford, 2009
Encuadernación: rústica ; 160 págs. ; il. b/n ; 13 x 19,5 cm – (Camaleón. Serie verde ; 10. A partir de 10 años)
ISBN: 978-84-96336-59-9
087.5: Literatura infantil y juvenil
821.134.2-3: Literatura española.
Tratamiento: fantasía. Tema: sentimientos

LEO xq LEO

Un día de verano, en las montañas de Vallirana (Barcelona), dos escritores conversaban sobre lo divino y lo humano mientras tomaban el sol en sendas colchonetas sobre el agua de una piscina, que es como debe conversarse sobre lo divino y lo humano. Uno de ellos (el mayor) propuso al otro (el menor) escribir un libro juntos, pero no a cuatro manos, sino a dos cabezas; es decir, que cada uno escribiera una parte de la obra, distinta, pero vinculada de alguna forma a la otra parte. Un apretón de manos selló el compromiso y, en ese momento, alguien lo inmortalizó en una foto. Los dos, vestidos con la misma camiseta de Bob Dylan para mayor simbiosis, quedaron retratados. Y nunca mejor dicho.

Esos escritores eran Jordi Sierra i Fabra (Barcelona, 1947) y Antonio García Teijeiro (Vigo, 1952), cuentista uno, poeta el otro. De ahí lo curioso y lo excitante del proyecto.

¿Cómo vincular narrativa y poesía en un mismo libro?

La excitación se apoderó de ellos y, en los meses siguientes, ya no descansaron hasta que dieron con la fórmula definitiva. En diciembre, Jordi propuso que él escribiría 31 cuentos cortos, muy cortos (algo insólito en él), y que partiendo de ellos, Antonio crearía a su vez 31 poemas. Antonio respondió que el verdadero reto sería hacerlo todo a medias, es decir: la mitad serían cuentos originales de los que él elaboraría otros tantos poemas y la otra mitad serían poemas originales para los que Jordi debería imaginar otros tantos cuentos. El proyecto quedó pactado y en enero comenzaron los trabajos, que concluyeron felizmente en las montañas de Vallirana, en el verano del año siguiente.

Cuentos y poemas para un mes cualquiera es, pues, una experiencia única y muy especial: el resultado de la fusión de dos mentes inquietas en una sola, algo insólito en las letras hispanas. Narrativa y poesía nunca habían ido tan de la mano como en este libro, prueba de la convivencia armónica de todo lo que sea literatura y rezume esa savia tan adrenalítica que es el amor. Amor por escribir o leer. Amor por crear. Amor por seguir avanzando y buscar nuevas fórmulas de comunicación. Amor por demostrar que no todo está hecho y aún quedan caminos y más caminos por explorar.

Queda una tercera en discordia: Antonia Cortijos Sánchez, ilustradora y pintora, tercer pilar de este taburete literario, que desde el primer momento quedó claro que se encargaría de las imágenes. Ella ha dado forma visual a las fantasías de los dos cerebros pensantes y escribientes.

¿Y por qué 31 cuentos y poemas y no 57 o 109? ¿Y por qué este prólogo lleva el curioso título de «Leo xq leo»? ¿Y por qué el universo es infinito?

A la primera pregunta debemos responder que el número no fue totalmente casual. Un mes tiene 31 días como máximo, así que a un cuento y un poema por día... salieron 31. Aunque también puede leerse en febrero o en los meses con 30 días. A la segunda pregunta, la respuesta es aún más significativa: Jordi y Antonio son leo. Y eso es casi como una definición, una tarjeta de identidad, una matrícula, un sello indeleble. Ser leo es... un grito de poder. Jordi nació un 26 de julio y Antonio un 13 de agosto. El libro hubiera podido titularse *Leo en julio y en agosto,* pero entonces alguien habría podido interpretar que sólo podía leerse en verano y no, no es eso. Buscando título a la obra, Jordi dijo en broma «Leo porque leo» y nos gustó. Así que lo aprovechamos para esta entrada. Y además en plan mensaje de móvil. Pura modernidad. En cuanto a la tercera pregunta, la verdad es que no tenemos ni idea, pero si lo es, por algo será, y nosotros no somos quién para meternos en eso.

¿Quién escribió primero qué? La respuesta es sencilla. En los días impares primero se alumbró el poema de Antonio y después nació el cuento de Jordi inspirado en él. Y en los días pares, al contrario, primero el cuento y luego, basado en él, el poema.

Jordi escribió sus cuentos en aeropuertos y hoteles de muchos lugares, donde recibió mil influjos distintos, y quiere señalar que algunos cuentos son muy antiguos y están reescritos para esta obra. Asimismo, hay dos que proceden de sendas leyendas populares: «El cuento de la buena suerte», de una leyenda mexicana y «Los enviados del rey», de una china. Antonio escribió toda su parte en su estudio, acompañado por centenares de libros y miles de armonías procedentes de la música con la que, en esta ocasión, se envolvió para crear su magia: el jazz.

Narrativa y poesía, de la mano, te buscan.

Con amor.

Este libro vio la luz con la ayuda de Susi (teclas, mails, fotografía e inspiraciones varias), nuevamente la de Antonia (asistente y correctora) y el amor constante de nuestros hijos, Antón, Dani, Georgina y Noa (por orden alfabético, que no de edad o capacidad). A todos, armónicas gracias.

EL GRAN LEÓN

En un mes cualquiera,
de ese año que tanto amaste,
en la vida que creíste soñar,
había dos juglares...

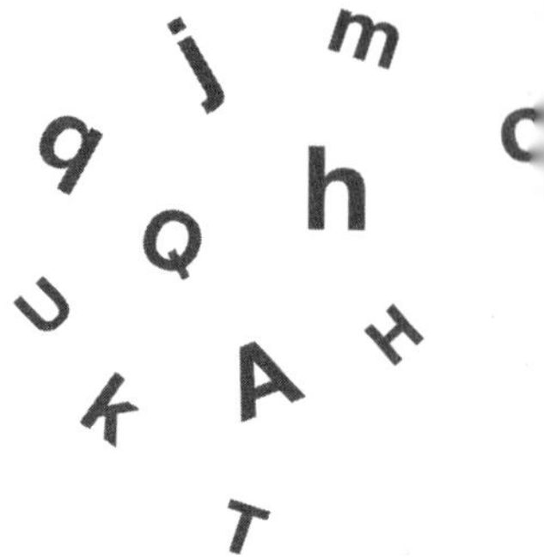

Mira cómo viene
el viejo poeta.
Se le ve cansado,
se apoya en su nieta.
La niña le dice
al viejo poeta
que le van cayendo
al suelo sus letras.
Y sus emociones
de color violeta
giran en el aire
como una veleta.
Mira cómo tiembla
el viejo poeta.
Sus palabras suenan
a heridas secretas.
Con paso cansino
el viejo poeta
cruza silencioso
plazas y callejas.
Y en el cielo pinta,
el viejo poeta,
de verde la luna,
de azul las cometas.

EL VIEJO POETA

Era un poeta tan viejo, tan viejo, tan viejo, que por los agujeros del pantalón se le escapaban las letras que le llenaban el cuerpo y sus bolsillos de poeta.

Allá adonde iba el viejo poeta, dejaba un reguero de letras sueltas y perdidas, como el rastro de un caracol o las huellas de unos pies en el barro. Cualquiera podía saber si había pasado por allí, pues en el suelo quedaban las aes, las pes, las zetas y las haches de su universo creativo.

Y a veces, cuando el viejo poeta escribía un poema, le faltaban letras para concluir un verso, así que ya no podía rimar amor con dolor, ni alma con calma, ni hermosura con locura, y sus poemas se hacían cada día más extraños, más extravagantes, más absurdos. Tanto que la gente ya no los entendía.

Y cuando la gente no entiende a los poetas, piensa que éstos están locos.

Así que comenzaron a llamarle loco.

El viejo poeta ya era tan y tan y tan viejo, que había olvidado su arte. Eso decían.

El viejo poeta estaba tan y tan y tan solo, y había escrito tantos poemas, que ya estaba agotado. Eso decían.

El viejo poeta ya no emocionaba, sólo hacía reír, o sonreír, o suspirar. Eso creyeron.

Una tarde los bolsillos se le rompieron del todo, vencidos por el peso, y de ellos cayeron en tropel las últimas letras, una tras otra, formando una larga fila en el suelo. Pero no cayeron sin ton ni son, sino de manera especial. Quizá fue el destino, tal vez algo más. Entonces, un niño que acertó a pasar por allí antes de que el viento las diseminara, pudo leer con asombro esta curiosa frase, sin duda producto de aquel singular azar:

«Un día seréis viejos, un día alguien pensará que estáis agotados, un día vuestros sentimientos y vuestras emociones harán reír, o sonreír, o suspirar a los demás. Haceos entonces agujeros en los bolsillos y marchad sin volver la vista atrás. No para escapar, no para huir. Sólo para buscar un nuevo horizonte donde seguir siendo libres».

Nadie volvió a ver jamás al viejo poeta.

El viento tiene dedos.
El viento tiene manos.
Con ellas acaricia
a los meses del año.

Con un dedo dibuja
los días de verano,
y las noches de invierno,
con dos dedos mojados.

Con el cuarto repeina
otoños despeinados.
Con el quinto matiza
colores en verano.

Y con los otros cinco
se apoya en los tejados
para barrer las nubes
si el cielo está nublado.

Con sus manos, el viento,
y con sus dedos largos
mil veces sin querer
produce algunos daños.

¡Qué dedos tan hermosos
y qué preciosas manos,
las que nos muestra el viento
danzando por los prados!

LAS MANOS DEL VIENTO

Tati era una niña de largo y precioso cabello con todos los colores de la naturaleza prendidos de sus hebras.

El cabello de Tati era tan hermoso, tan delicado y flexible, que a su paso todos la miraban extasiados y llenos de ternura. Aquella exuberante mata de pelo era como si los rayos del sol fluyeran de su cabeza con la armonía de un suave oleaje.

Precisamente el sol, celoso y molesto al verla siempre tan radiante con su cabello multicolor, decidió llamar al viento en un arrebato de endiosamiento. ¡Nadie podía brillar más que él!

El viento, juguetón y loco como siempre, comenzó de inmediato la perversa labor de despeinar a Tati. Todos los días, en cualquier momento, desde el mismo instante en que salía ella a la calle, el viento extendía las manos y le arremolinaba el cabello, convirtiéndolo en una masa informe de pelos que iban y venían de lado a lado. Además, también se lo ensuciaba con el polvo que sus ráfagas diseminaban a su alrededor. Incluso en casa, Tati se veía sorprendida por las manos del viento, que se metían por cualquier rendija para atormentarla.

Harta de aquella sorprendente situación, Tati decidió un día cortarse el cabello. Al cero.

El día que Tati salió de su casa completamente calva, hubo un gran estupor general. ¡Su hermoso cabello! La gente apenas si pudo dar crédito a lo que veía. Entristecidos y asombrados, comprendieron su reacción, pero también supieron que una parte de la belleza del mundo les había sido arrebatada.

Aunque nada, nada, fue comparable al efecto que aquella increíble decisión causó en el sol. Al ver a Tati y darse cuenta de su error, se sintió tan avergonzado que se puso rojo de pronto, cárdeno como las brasas de una estufa. Ello provocó un sofoco tan grande que empezaron a nacer nubes y más nubes, que acabaron por taparlo.

El sol se mantuvo así, oculto, durante días, semanas y meses, hasta que el cabello de Tati

volvió a crecer. Entonces el sol apartó las nubes y le dijo al viento que jamás sus manos volvieran a ser la causa de un desatino tan terrible.

Fue así como las nubes llegaron al cielo, y fue así como el viento dejó de tener manos, aunque a veces sople tan fuerte que parezca haberlas recuperado.

Soy invisible,
no se me ve,
soy una miga
en el café.

Soy una gota
en el cristal,
soy una espina
en el rosal.

Soy invisible,
no se me ve,
soy una pata
en el ciempiés.

Soy una hoja
en el jaral,
soy una espiga
en el trigal.

Soy invisible,
no se me ve,
soy muy chiquito
en el papel.

EL PEQUEÑO PUNTO CASI INVISIBLE

Érase una vez el hijo de un gran pintor.

Se llamaba Néstor, y había crecido entre los cuadros de su padre, viendo sus formas, manchándose con sus pinturas, rodeado de sus colores maravillosos.

Néstor sólo anhelaba una cosa en la vida: pintar como su padre.

Crecer y ser un gran artista, como él.

Antes de andar ya tenía un lápiz en la mano. Antes de hablar, un pincel. Antes de medir un metro llenaba hojas y más hojas con manchas de colores. Y antes de los diez años ya tenía su habitación inundada de lienzos con los que buscaba su propia forma de expresión.

Cada vez que creía pintar un cuadro importante, o cada vez que le gustaba una de sus incipientes obras, corría a mostrársela a su padre primero y a su madre después. Su padre solía animarle, dándole consejos y sonriendo con ternura frente a sus progresos. Su madre, en cambio, era más dura e inflexible. De sus labios jamás salía una lisonja gratuita.

«Debes mejorar mucho», decía unas veces. «No corras tanto, siente cada trazo en ti antes de proyectarlo sobre el lienzo», decía otras. «Hasta el más pequeño rasgo es importante», manifestaba otras más.

Néstor no veía llegar el momento de que su madre apreciara uno de sus trabajos. Y lo deseaba tanto...

Un día, a los doce años, hizo un cuadro que le salió del alma. Y lo pintó despacio, sintiéndolo, como decía ella, proyectando su esencia en cada trazo, armonizando los colores y las formas. Un cuadro que se le antojó lo más bello que jamás hubiese llevado a cabo.

Con él en las manos, primero fue al taller de su padre.

—¡Mira! —le dijo emocionado—. ¿No es fantástico?

El hombre estudió el lienzo con atención, tomándose su tiempo. Lo miró de cerca, de lejos, frunció el ceño... y de pronto tomó su propio pincel y marcó un leve punto, casi imper-

ceptible, en la esquina superior izquierda del cuadro.

—Ahora está mejor —dijo—. A veces un simple rasgo, un punto, algo tan imperceptible que casi parece invisible, es lo que convierte lo vulgar en hermoso, lo normal en una obra maestra.

A Néstor le parecía que su cuadro estaba igual, que aquel puntito era uno más en el conjunto. Pero se alegró de que su padre hubiese colaborado en el resultado final de su trabajo. Tomó el lienzo y corrió a enseñárselo a su madre.

Ella hizo lo mismo que su marido: mirar de cerca y de lejos la pintura, fruncir el ceño y tomarse su tiempo, mientras Néstor contenía la respiración. Hasta que al final manifestó:

—Enhorabuena, hijo. Ahora estás en camino de conseguir ser un gran pintor. Esta obra sería normal, como todas las que has hecho hasta ahora en tu aprendizaje, si no fuera por este detalle... —Y señaló el leve trazo casi invisible pintado por su padre en el margen superior izquierdo del cuadro.

—Pero mamá... —Néstor se quedó boquiabierto—. Si no es más que un punto.

—Es más que eso, hijo. Es el detalle de un maestro. Es lo que equilibra todo el conjunto, lo que le aporta carácter y fuerza. Sin duda tu mano era firme y tu talante se mostraba abierto y seguro cuando lo trazaste.

Néstor pasó varios días triste.

Llegó a pensar que jamás sería tan buen pintor como su padre.

Hasta que estudió aquel cuadro durante mucho, muchísimo tiempo.

Y supo comprender la importancia de aquel pequeño punto casi invisible.

Fue en torno a él que empezó a pintar de nuevo.

Cientos, miles de cuadros.

Años después, su fama era igual o superior a la de su padre.

—Amad las pequeñas cosas —fue lo primero que les enseñó a sus hijos—. De la misma forma que con un punto de apoyo puede moverse el mundo, basta un pequeño trazo apenas perceptible para convertir lo vulgar en maravilloso, la normalidad en genialidad.

No sé de dónde vengo.
No sé por dónde voy.
Muy largo es el camino
y yo no sé quién soy.

Me pierdo entre la niebla.
Me guío por el sol.
No sé cuál es mi nombre
ni los pasos que doy.

Yo miro para el cielo
mas yo no sé si estoy
muy cerca del mañana
o muy lejos del hoy.

No sé de dónde vengo
ni pienso adónde voy.
Me pierdo por los valles.
Me busco por el sol.

LA PETICIÓN

Un hombre que vivía en un desierto, solo, perdido y olvidado por todo el mundo, encontró un día, medio enterrados en la arena, los restos de una antigua ciudad de inmemorial pasado. Asombrado, penetró en las ruinas hasta llegar a unas catacumbas en las que, para su sorpresa, halló a un anciano de larga barba que moraba en ellas.

—¿Qué haces aquí? —le preguntó perplejo.

—Vivo aquí. Soy Abderkar, el Gran Brujo, guardián de las sagradas ruinas del Viejo Reino.

—El Viejo Reino es una leyenda —insistió el hombre.

—Ya ves que no —repuso el anciano—. Y para demostrártelo y demostrarte mi placer por ser el primero con quien hablo en tantos cientos de años, voy a concederte un don. Pídeme lo que desees, caminante.

—¿Eres en verdad un brujo?

—Convéncete —le invitó.

El hombre meditó muy despacio qué era lo que, en realidad, ansiaba más, y dijo:

—Quiero que aquí, en este gran desierto, aparezca un lago de hermosas aguas que dé vida a la tierra.

El anciano miró entristecido a su salvador y le respondió:

—Escucha, buen hombre. Tu petición es justa y noble, hermosa y muy válida. Sin embargo, medítala bien. Un gran lago en esta tierra supondría un tremendo desequilibrio ecológico. De pronto, su presencia cambiaría la vida. Acudirían habitantes de todo el desierto para vivir aquí. Primero nacería un poblado, después una ciudad: gentes y más gentes con sus rebaños, sus casas, sus problemas... También es posible que la presencia de agua despertase la envidia o los recelos de quienes carecen de este bien en los pueblos vecinos, y entonces tal vez querrían conquistar esta tierra, con lo cual aparecería la guerra y sus consecuencias: las enfermedades, el hambre... Todo ello sin olvidar que para formar este lago, tendría que hacer llover durante días, semanas, y como sabes, se dice que «nunca llueve a gusto de todos». ¿Estás seguro de que es esto lo que realmente deseas?

El hombre volvió a meditar las palabras del anciano, asintió con la cabeza y dijo:

—Tienes razón. He sido un poco inconsciente pidiéndote algo tan grande y complejo. Bien mirado, lo que de verdad necesito, porque es la razón de mi vagar solitario por el desierto en busca de respuestas, es saber quién soy, de dónde vengo y adónde voy. Las razones filosóficas que forman la esencia de la existencia. Respóndeme a estas preguntas y seré feliz.

El anciano miró al hombre durante unos segundos.

Después hizo lo mismo con el desierto y el cielo.

Y suspirando profundamente, dijo:

—¿Cómo quieres el lago, amigo mío, con peces o sin peces?

Yo tengo un caballo blanco
que galopa por el cierzo,
y cabalga por tu mano,
y se pierde en tus senderos.

Y lo llamo y no obedece,
y se escapa con el viento
por el verde de tus ojos,
por las nubes de tu cielo.

No obedece y yo lo llamo
para que me traiga un beso,
un beso de mil colores
prometido hace algún tiempo.

Yo tengo un caballo blanco
cada día más travieso,
y lo llamo y no obedece
y se refugia en tu pecho.

EL CABALLO BLANCO

Cuando nació el caballo blanco toda la manada se quedó muy sorprendida.

El caballo blanco era hijo de una yegua torda y un alazán negro azabache. En toda la partida no había ni un solo caballo más claro que las aguas del Gran Río, que bajaban siempre entre tintas y oscuras por el lodo de las montañas de hierro situadas al norte. Ninguna de aquellas bestias supo explicarse tal fenómeno.

El caballo blanco creció solo, apartado de la manada, discriminándose él mismo tanto como pudieran hacerlo sus congéneres.

Cierto día, después de unas furiosas lluvias, el caballo blanco se revolcó en el lecho fangoso de un afluente del Gran Río y se volvió marrón. Cuando regresó junto a la manada no le reconocieron, y le aceptaron, porque la manada se hacía más grande día a día. Creyó que nadie se acordaba ya de él y de su blanco pasado.

Para su sorpresa, una noche oyó la conversación de dos caballos que relinchaban:

—¿Dónde debe de estar el caballo blanco?

—Cierto, yo lo echo de menos. Se habrá marchado tal vez. Me gustaba tenerlo entre nosotros aunque nunca se lo dijera.

No fue lo único. Pocos días después, eran sus padres los que relinchaban con pesar:

—Era especial. Quizá no entendió que le queríamos y que para que no se sintiera raro, algunos pretendían no ver su diferencia tratándole como a cualquier otro.

—Sí, nos hacía ser distintos. Y no era feo, al contrario.

El caballo blanco quiso galopar hasta el Gran Río, lanzarse a él y no salir hasta que el lodo que le cubría hubiera desaparecido, para así poder regresar como si nada. Pero antes de que pudiera hacerlo, del cielo cayó un fuerte aguacero que obró el milagro de convertirlo de nuevo en el caballo blanco que era.

Toda la manada fue testigo del cambio.

Y supieron la verdad.

Supieron que el caballo blanco se había sentido solo y perdido con su rareza. Supieron que muchos le habían hecho el vacío. Supieron que otros no le habían dicho que era uno de ellos. Supieron muchas cosas y las comprendieron.

El caballo blanco iba a marcharse de la manada, avergonzado.

Le detuvo un relincho.

—Caballo blanco, eres uno de los nuestros.

—¿Lo soy? —preguntó él.

—Tienes cuatro patas, una cola, una larga crin, un hocico, dos ojos. Claro que lo eres.

—¿Y el color?

—Todos somos extraños para los demás —relinchó el jefe de la manada—. Ningún animal puede meterse en la piel de otro y aún menos sentir el mundo a través de sus ojos.

El caballo blanco los miró, entendió y aceptó. Supo que siempre viviría con su extraño color. Siempre. Hasta que otro caballo blanco, tal vez uno de sus potrillos, naciera como él.

Y supo que la vida era hermosa.

Todavía hoy, cuentan las leyendas, a la manada salvaje de las montañas de hierro que bordean el Gran Río, se la conoce como «La manada del caballo blanco».

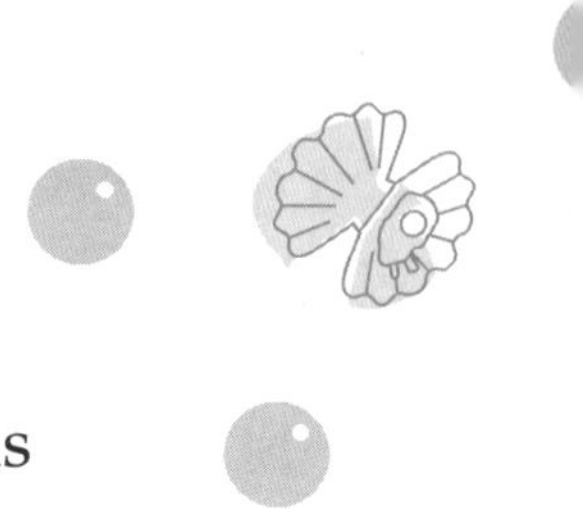

Agua en las entrañas
y una madreperla
con dientes de nácar
brilla entre la niebla.

Sal en la canción.
Bella madreperla.
Sueños de color.
Vueltas y más vueltas.

Él siempre la amó.
La soñaba cerca.
Ella se calló.
Muda madreperla.

Él enloqueció.
No aceptó perderla.
Rota la ilusión,
se perdió en la arena.

Olas de dolor.
Días de galerna.
Besos sin sabor.
Lágrimas resecas.

LOS PROBLEMAS DEL PESCADOR

Un pescador muy pobre encontró un día una hermosa perla.

Fascinado, contempló aquella singular maravilla.

Era tan perfecta que, al momento, comprendió su valor y que su vida iba a cambiar con ella.

El pescador, sentado en su barca, cerró los ojos para ver su futuro.

Vendería la perla por mucho dinero y compraría una barca nueva con la que pescaría más peces. Entonces necesitaría emplear pescadores, ya que no podría él solo con la barca y con tal cantidad de peces. Después, construiría su propia tienda en lugar de vender los peces a otros, que eran los que más ganaban. Eso le haría subir de posición, ser alguien importante en el pueblo. Por culpa de eso, sus amigos y vecinos le tendrían envidia, le pedirían préstamos o dejarían de hablarle, envidiosos de su fortuna. Lo peor sería que tal vez le hiciesen alcalde. Y si era alcalde ya no podría ir a pescar, ni se ocuparía de la tienda, y su barca se quedaría sin patrón, y entonces...

El pescador torció el gesto.

Bueno, sin duda el mayor beneficio sería para su familia.

Su esposa compraría una casa nueva, vivirían mejor, ella sería toda una dama. Su hijo mayor iría a la universidad. El mediano tendría los caprichos que nunca podía darle. Y su hija, la mejor dote para casarse con uno de los jóvenes más importantes del pueblo.

Claro que entonces... Su esposa, con una nueva casa, necesitaría servicio, y estaría todo el día ocupada cuidando de esto y aquello, y tal vez la hiciesen dama de honor de todos los comités del pueblo y nunca estaría en casa. Y su hijo mayor se enamoraría en la universidad de una bella muchacha, se casaría, se quedaría a vivir en la capital y ya apenas volvería a verlo. En cuanto al mediano, con tantos caprichos, crecería ocioso y vago, sin ambición, perdiendo el tiempo miserablemente y con él la oportunidad de ser una buena persona, recta y trabajadora. Por último, su hija... A lo peor la pretendían sin amor, sólo por su riqueza, y hacía una mala elección, deslumbrada por todo lo que no fuese el amor, y acababa siendo una desgraciada que viviría triste el resto de su vida.

El pescador abrió los ojos y miró la perla.

Largo rato.

Más y más desasosegado.

Después abrió la mano, lentamente, y dejó que cayera de nuevo al mar.

—A cada cual, lo suyo —suspiró.

Y continuó pescando como si tal cosa.

Un niño juega en silencio,
sentado sobre un tambor.
Su madre lo mira mira.
El cielo pierde el color.

Con los dedos hiere el niño
indiferente a una flor
que un día le regalaron
un árbol y un ruiseñor.

De pétalos llena el suelo.
Todo es sombra alrededor.
¡Qué negro que está el silencio!
¡Qué triste que está la flor!

EL NIÑO QUE JUGABA A MATAR FLORES

El niño jugaba en silencio.

Tenía una espada, tenía un escudo, tenía un yelmo, tenía su orgullo.

Y un tambor.

Sentado en él, dirigía a sus ejércitos imaginarios, arengaba a sus tropas, ordenaba degollar a pueblos enteros, vencía y sonreía.

Su madre también lo miraba feliz.

Era un niño como otro cualquiera. O tal vez no, porque tenía cabello. O tal vez no, porque vestía extrañas y primitivas ropas. O tal vez no, porque su piel estaba dorada por el sol. O tal vez no, porque cantaba feliz. O tal vez no, porque ante él se extendían bosques y prados, cielos azules y mares verdes.

Pero era un niño.

Y seguía jugando en silencio.

Saltó del tambor, alzó su espada de juguete, la blandió por encima de la cabeza, la abatió sobre las plantas y las flores, los árboles y la vida.

Mató un centenar de hormigas convertidas en guerreros enemigos y tronchó una docena de plantas. Desgajó cien flores, que murieron llenas de colores, y arrasó una verde hierba, que sólo quería crecer al sol. Habría abatido las nubes de haber llegado tan alto. Y secado el mar de haber podido pelear contra él.

Sonreía feliz, como su madre.

No era más que un niño jugando a ser mayor.

Después, ella se levantaba, le cogía de la mano, se llevaban los juguetes y abandonaban el lugar convertido en un desazonador caos. Arrasado y quebrado.

Y no había metáfora.

La palabra FIN apareció de pronto en la pantalla, mientras una música suave, que se hacía más y más omnipresente, les invadía el alma. A pesar de ello, ningún espectador se movió del cine holográfico. Todos esperaban. Todos permanecían presos de la magia de aquellas imágenes y, sobre todo, de aquel sentimiento de pena y frustración.

Impotencia.

Luego, se levantaron unos, y otros, y otros más. Y, despacio, abandonaron el salón de proyección.

Kayli y su padre fueron de los últimos.

Pasaron por debajo del cartel de la puerta. En él se anunciaba: «Gran Festival de Cine de Terror». Y a continuación: «Películas del siglo XX», «Horrorícese», «Tiemble», «Asómese al pasado y comprenda el presente».

Fuera llovía, como siempre. Y no se veía el cielo, como siempre. Y hacía frío, como siempre. Llevaban tantos años, tantos, sin ver el sol, construyendo la cúpula bajo la cual podrían, quizá, sobrevivir. Tantos años de soledad y muerte.

Kayli miró la tierra yerma, sin árboles, sin plantas, sin flores, sin animales. Su tierra.

—El pasado fue hermoso, ¿verdad, padre? —comentó en voz alta.

El hombre no respondió. Él sí tenía recuerdos.

Al subir al monoplaza inercial alguien pasó cerca y les gritó:

—¡Feliz Navidad! ¡Feliz siglo XXII!

Gota de lluvia.
Copo de nieve.
Cubren los campos.
Bailan los peces.

Copo de lluvia.
Gota de nieve.
Besan las flores.
Cosen las redes.

Copo de gota.
Lluvia de nieve.
Mezclan palabras.
Mojan papeles.

Blanca paloma.
Copo de nieve.
Gota de lluvia.
Ojos alegres.

EL GRAN SALTO

Una nube de tormenta cargada con millones de gotas de lluvia viajaba por el cielo hacia unos secos y desesperados campos castigados por el sol y la sequía. Al llegar a su destino, las compuertas se abrieron y las gotas de lluvia, en ordenadas filas, empezaron a saltar.

Durante horas llovió y llovió. Sin parar. Hasta que la nube, exhausta, iba a cerrar las compuertas para volver al mar en busca de más agua. Entonces se dio cuenta de que en lo más profundo de sí, quedaba una pequeñísima gotita de lluvia, asustada y temblorosa.

—¿Por qué no has saltado? —le preguntó la nube.

—Tengo miedo —dijo la gota de lluvia.

—¿Miedo? —se asombró la nube—. ¿Cómo es posible que una gota de lluvia tenga miedo?

—No temo saltar, ni volar, pero sí estrellarme contra el suelo.

—El destino de toda gota es hacerlo.

—Pues yo no quiero ese destino para mí. No deseo hacerme añicos.

La nube se sintió muy rara. Era un problema. Si corría la voz, y otras gotas de lluvia se contagiaban, ¿quién regaría las tierras? Aquello no estaba bien, no podía ser. La nube se enfadó.

—¡Haz el favor de saltar y no me vengas con tonterías!

—¡No! —La gota se escondió más.

La nube comprendió que no podía obligarla. No tenía forma de hacerlo. ¡Qué catástrofe! Ya habían salido del valle y llegaban a las montañas heladas y cubiertas de nieve.

¡Una gota de lluvia que no quería estrellarse contra el suelo!

De pronto la nube tuvo una idea.

—Prepárate —anunció—. Vas a saltar.

—¡No y no! —se resistió la gota miedosa—. ¡Me haré pedacitos!

—No te harás pedacitos, te lo prometo.

—¿Ah, no?

Sobrevolaban ya las cumbres heladas.

—¡Vamos, salta ahora, no pierdas tiempo!

—¡Tengo miedo! ¡Me estrellaré!

—¡No, te lo prometo! ¡Confía en mí! Caerás suavemente, pero tienes que saltar ahora.

La gota de lluvia miró a la nube. La nube miró a la gota de lluvia. Las nubes nunca mentían. No entendía nada pero... El diminuto punto de agua se confío a su destino.

Así que saltó.

Primero cayó rápido, muy rápido, y se asustó mucho. El suelo se acercaba a toda velocidad. Sin embargo, a los pocos segundos...

El frío la cambió, convirtiéndola en un copo de nieve.

Un copo que empezó a caer despacio, suave, dulcemente, meciéndose al compás del viento, hasta que una eternidad después, se posó sobre la cumbre de la más alta y helada montaña, la que tenía sobre su pico la nieve eterna.

La gota de lluvia, ahora copo de nieve, supo que allí viviría para siempre.

La nube se alejó sonriendo. La gota le dijo adiós.

Mi niña no tiene sueño,
no sé quién se lo robó,
tiene los ojos abiertos
y nublado el corazón.

Yo no sé dónde buscar
el sueño que alguien llevó.
Quizá esté en las montañas
o en algún rayo del sol.

Duerme, niña de mi vida,
que esta noche guardo yo
la media luna del sueño
que en tu pecho se escondió.

Mi niña cierra un ojito.
Una estrella le ayudó.
Cuando le beso la frente
cerrados tiene los dos.

EL LADRÓN DE SUEÑOS

Iba el ladrón de sueños robando sueños.

Todas las noches aguardaba en vela, agazapado en la oscuridad, aquí y allá. Y aquí y allá, cuando los niños dormían, pues los sueños de los mayores eran más feos y grotescos y no le interesaban, el ladrón salía de las sombras y hurtaba las fantasías de colores que poblaban el cielo de aquellas mentes infantiles.

Todas las noches, el ladrón de sueños, reunía decenas, cientos de sueños maravillosos.

Ah, el ladrón de sueños nunca descansaba, no daba tregua, apenas si dormía un poco de día.

Una noche, un niño soñaba que sus sueños eran devorados por un monstruo comesueños. El ladrón, fascinado por el sueño, se lo llevó muy contento. ¡Qué interesante! ¡Precisamente un sueño que tenía que ver con lo que él hacía: él robaba sueños y el monstruo se los comía!

Pero el sueño del comesueños era algo más que eso. Se trataba de un sueño muy poderoso, trenzado por la fértil mente de un niño especial, que todas las noches imaginaba excitantes fantasías porque quería ser escritor. Cuando el sueño del monstruo comesueños estuvo en la mente del ladrón de sueños... ¡Se los devoró todos, sin dejar ni uno!

El ladrón de sueños, al despertar, se sintió vacío. Peor aún, sólo le quedaba un sueño en la cabeza: el del monstruo comesueños.

Así que, por muchos sueños que siguiera robando, el monstruo siempre se los tragaría, enteritos.

¡Terrible!

Que se sepa, el ladrón de sueños dejó de robar sueños a los niños. Por muchos que se llevara, el sueño del monstruo comesueños que tenía en la cabeza, se los zampaba sin piedad.

Desde entonces, todos los niños y niñas del mundo sueñan libremente, fantasías de colores o pesadillas absurdas, historias sin sentido o cosas mágicas.

Sueños libres.

Nadie ha vuelto a llevárselos nunca.

Y del ladrón de sueños no ha vuelto a saberse nada.

Puede que al final se lo comiera el monstruo comesueños.

DÍA 10

Pasea sus ojos
la niña morena
por el horizonte,
sentada en la piedra.

Se quiere marchar
la niña morena;
las dudas la envuelven;
se muere de pena.

Y un día, despacio,
la niña morena
se pierde en el sol
con su gata negra.

Estrella de luz,
la niña morena,
que un día marchó
callada y serena.

LOS ENVIADOS DEL REY

Una vez hubo un pequeño reino formado por doce provincias. Cada provincia tenía un gobernador, y todos rendían cuentas al rey, que vivía en un gran palacio de cristal. Una vez al año, el rey, el Gran Brujo y los doce gobernadores asistían a la ceremonia de la Ofrenda Sagrada a los dioses. Esta ceremonia consistía en subir a la cumbre del volcán Rojo y ofrecer en sacrificio a una joven adolescente para que los dioses fueran magnánimos los doce meses siguientes.

Todos los años, semanas antes de la designación de la joven, los doce gobernadores y el Gran Brujo comenzaban a recibir regalos y dádivas de las familias más ricas del reino. El objeto de tales ofrendas era que no escogieran a sus hijas, aunque se suponía que ser la elegida representaba un gran honor. Así pues, la elegida siempre solía ser una campesina, una muchacha humilde, que era arrancada de su casa para el sacrificio.

Mientras, los doce gobernadores y el Gran Brujo eran cada vez más y más ricos.

Un día, el rey murió y tomó el poder su hijo mayor, un joven culto e inteligente, formado en la sabiduría de los libros. Su primer acto público consistió, precisamente, en la ceremonia de la Ofrenda Sagrada. Aquella mañana ascendieron al volcán Rojo él, los doce gobernadores, el Gran Brujo y la corte en pleno para asistir al sacrificio ritual. La elegida era la hija de unos pastores, bellísima, que lloraba y se debatía espantada ante la inminencia de su muerte.

Todo estaba preparado en la cumbre del volcán, con el cráter abierto a sus pies, cuando el rey alzó la mano y dijo:

—Esperad. Todos los años arrojamos a una doncella al volcán, pero en verdad no sabemos si los dioses están contentos, si quieren más sacrificios o algo distinto. Así que este año saldremos de dudas. Antes de echar a nuestra elegida, enviaremos al Gran Brujo para que pregunte a nuestros dioses su parecer.

Y ante el estupor de los presentes, el rey empujó al Gran Brujo al volcán.

Todos se quedaron muy quietos y callados.

Al rato, como el Gran Brujo no regresaba para contarles lo dicho por los dioses, el rey dijo:

—Habrá que estar seguros y ayudar al Gran Brujo, que igual no sabe cómo regresar, perdido en el paraíso de nuestros dioses. Esta vez enviaremos a más mensajeros para la tarea.

Y ordenó que los doce gobernadores fueran enviados al cráter.

Los sorprendidos personajes trataron de resistirse, pero la palabra del rey era ley. Los mismos aldeanos, gozosos ante lo que estaba sucediendo, ayudaron a los soldados a empujarlos al fondo del volcán, sin hacer caso de sus lágrimas y súplicas. Por raro que fuese, no parecían nada contentos con la muy noble misión encomendada por su monarca.

—No sé por qué lloráis —proclamó el rey—. Vais a ver a los dioses que tan generosamente habéis adorado y servido tantos años, y a preguntarles si son felices con nuestro proceder.

Los doce hombres acabaron en el fondo del volcán Rojo.

De nuevo se hizo el silencio.

Tras mucho rato de espera, el rey anunció:

—No vuelven, así que para estar seguros, vamos a aguardar un año sus noticias.

Volvieron al reino, y desde entonces no hubo más sacrificios, sino paz y concordia, e incluso el rey halló la felicidad en la nueva y justa armonía de aquellos años, pues se casó con la doncella a la que había salvado de la muerte, harto de la crueldad, la avaricia y el egoísmo de los doce gobernadores y del Gran Brujo.

El sol posa sus rayos
en los campos de trigo.
La niña cubre de oro
los pliegues del vestido.

¡Qué hermosa está la niña
con sus rayos dormidos!
¡Que nadie los despierte!
Algunos se han movido.

¡Qué hermosa está la niña
con el rostro tranquilo!
¡Qué bien le sienta el oro!
¡Y qué precioso el trigo!

EL DÍA QUE NACIÓ EL TRIGO

Trigridia era una niña muy hermosa, una niña tan y tan hermosa, que cuando ella salía de casa el mismo sol se ocultaba detrás de las nubes para no tener que competir con sus dorados cabellos.

Una mañana se alejó del pueblo para dar un paseo, y se apartó tanto que llegó a un enorme campo de tierra yerma lleno de plantas salvajes, situado en un altiplano entre las montañas. Debido al esfuerzo, se sentó allí a descansar. Reclinó la cabeza junto a unas matas y, tras cerrar los ojos, se quedó dormida. Profundamente dormida.

Pues aquella planta era una adormidera.

La tierra, enamorada, al darse cuenta de la circunstancia, se apoderó de Trigridia. Primero la cubrió con briznas y hojas, después hizo que el viento arremolinara la maleza para ocultarla, finalmente se la tragó enterrándola bajo una fina capa de piedras y polvo.

Durante días, los padres de Trigridia y

todo el pueblo la buscaron sin éxito. Durante noches, la tierra envolvió más y más el cuerpo de la niña. Así pasó el tiempo, llegaron las lluvias, y con ellas la primavera.

La tierra, enamorada, feliz, quiso que todos supieran lo dichosa que se sentía.

Entonces floreció en el campo la primera espiga dorada.

Una espiga con el color del cabello de Trigridia, su esbeltez, su hermosura, el brillo de sus ojos, la magia de su forma apuntando al cielo y la fuerza de su sonrisa, pues las espigas formaban medias lunas con los lados disparados hacia lo alto.

No fue la única espiga. En los días siguientes nacieron más y más, cientos, miles, como un canto de la tierra por el amor que sentía, hasta que todo el campo fue como un océano dorado que se movía al compás del viento formando olas armónicas.

Una mañana, una oruga se paseó por el rostro de Trigridia y ella, debido al cosquilleo, estornudó y abrió los ojos. Fue su despertar. Apartó la tierra que la cubría y se levantó sin apenas recordar nada. Después echó a correr y regresó al pueblo, donde ya todos la daban por desaparecida. Cuando contó lo sucedido, todos fueron al campo muy enfadados, pero allí se encontraron con aquel océano de oro.

Ni siquiera sabían qué era.

—Perdón —les dijo entonces la tierra—. Sólo quería tener un poco de sol en mi interior.

Trigridia la acarició. Se cortó un mechón de cabello y lo enterró allí mismo, donde había estado dormida. Le prometió regresar al comienzo de cada estación, para hablarle y jugar con ella.

Los hombres llamaron trigridias a aquellas espigas, más tarde trigrias, y finalmente trigo.

Aunque eso sucedió hace cientos de años.

Un corcel blanco,
príncipe hermoso,
va por el aire
muy silencioso.

Va galopando
por las estrellas,
puntos de plata,
perlas muy bellas.

El corcel blanco
salta las nubes.
Las grises bajan,
las verdes suben.

Dile al corcel
blanco de enero,
príncipe hermoso,
que aquí lo espero.

Un corcel blanco
llega a un jardín
y una princesa
ríe feliz.

UN CUENTO RARÍSIMO (O LA EXTRAÑA HISTORIA DE LA PRINCESA BUENA Y DULCE, HIJA DEL REY FEROZ Y ENCANTADA POR LA BRUJA PERVERSA, QUE ESPERABA UN PRINCIPE PARA SER FELIZ Y BLA-BLA-BLA)

Érase una vez una princesa buena y dulce...

(Perdón, no empecemos mal. Un cuento que comienza así es una cursilada.)

Pero es que la princesa era buena y dulce.

(Vale, pero no cuela. Estamos en el siglo XXI. La liberación de la mujer ya empezó en el siglo pasado.)

De acuerdo, pues era una princesa que...

(Mejor. Pero ¿qué clase de princesa era? ¿Trabajaba? ¿Era independiente? ¿Vivía en casa de sus padres o ya tenía piso propio?)

Bueno, si es una princesa... ¡En los cuentos, las princesas viven en palacios!

(¿Me estás diciendo que no daba golpe? ¿Me dirás incluso que era de esas que espera un príncipe para ser feliz y comerse la perdiz y todo ese rollo que no hay quien se lo crea?)

Pues sí. Era una princesa cuyo padre, el rey Feroz...

(O sea que, además, el padre era un ogro. Más tópicos. Todo el día trabajando y sin tener tiempo para la pobre princesita, que estaba sola y... ¿Suelto una lágrima? ¡Por favor!)

No, el padre no era más que eso, feroz. La tenía encerrada porque una bruja, la bruja Perversa, la había encantado y...

(¡Huy, huy, huy! Pero ¿de qué vas? Mira, a mí me gusta el rock duro, llevo media docena de *piercings*, el cabello pintado de verde, me va la marcha y ya no soy una cría, ¿vale? ¡Tengo doce años!)

El cuento de la princesa, su padre y la bruja... ¿no mola?

(No.)

Pues vaya.

(Vamos, tío, enróllate.)

Si es que...

(Puedes hacerlo mejor.)

No sé cómo.

(Mira: ella es una tía súper, que trabaja en una boutique, con un jefe baboso y fondón que quiere venderse la tienda y dejarla colgada, así que le monta un pollo al pavo que lo deja tieso, va a un abogado laboralista que está macizo y tienen una historia, aunque chateando conoce a otro menda que le priva cantidad, así que al final y tras trincar la pasta acaba pasando de los dos para irse al Caribe a tomar el sol.)

Eso no parece un cuento, la verdad.

(Pero es real, tío.)

Esto ya no es lo que era.

(Pues claro que no. ¿Te extrañas?)

Yo sólo quería escribir un cuento, normal y corriente, clásico.

(Eres un inocente.)

Por cierto, ¿y tú quién eres?

(Tu sentido común.)

¿Mi sentido común tiene doce años, lleva *piercings,* el pelo verde y le gusta el rock duro?

(Sí.)

Me gustaba más antes.

(Bienvenido al mundo real.)

¿Sabes qué te digo?

(¡Eh! ¿Qué haces?)

Pasar de ti. Soy escritor. ¿Para qué quiero sentido común?

(¡No puedes pasar de mí!)

Sí puedo. Mira:

(¡Ah, qué patada! ¡Bestia!)

Érase una vez una princesa, buena y dulce, cuyo padre, el rey Feroz, la tenía encerrada en lo alto de un torreón porque la bruja Perversa había arrojado sobre ella una maldición al nacer. Un día, un hermoso, hermosísimo príncipe, valiente y galante, llamado Godofredo, llegó cabalgando en un corcel blanco y...

DÍA 13

Entre las hojas
hay un lucero,
mitad de plata,
mitad de hielo.

Hay un lucero
dulce y brillante,
mitad creciente,
mitad menguante.

Entre las hojas
hay un lucero
que, silencioso,
cayó del cielo.

LA LUNA Y EL ESTANQUE

¿Sabéis por qué la luna tiene cuatro fases? ¿Sabéis por qué a veces se oscurece y otras crece y otras decrece y otras se llena hasta parecer un mágico faro en mitad de la noche?

Sucedió hace muchos años, muchísimos, cuando ni siquiera había seres humanos en la tierra. En aquellos días, el sol era el poder y el calor, y la luna, el silencio y la noche. De día el sol daba la vida. De noche la luna reinaba con su armonía.

Pero la luna, sabiéndose bella, hermosa y fascinante, se asomaba todas las tardes a un estanque para verse reflejada en él. Y así pasaba las horas, extasiada ante su brillo, hasta que el sol tomaba de nuevo el relevo y la apartaba del cielo.

Todas las noches, la luna se contemplaba a sí misma.

Todas las noches.

—Eres una presumida —se burlaba el sol.

—Tienes envidia de mi magia —respondía

la luna—. A ti no puede mirarte fijamente ningún ser vivo, porque los ciegas. En cambio a mí... Los animales me adoran, me aúllan, me veneran. Soy un símbolo.

Y pasaba las horas de su reinado nocturno asomada al estanque en el que se reflejaba.

Con el tiempo, crecieron en la ribera unos frondosos árboles, que pronto llegaron casi a cubrirlo. A la luna le costaba cada vez más asomarse para verse reflejada en la pulida superficie y de tanto estirarse, y estirarse, y estirarse... ¡una noche se cayó al agua!

¡Glup! ¡Glup! ¡Glup!... La luna desapareció en sus profundidades.

Fue un extraño fenómeno. Ya no había luna. Y en cambio, todas las noches, los seres vivos de los alrededores iban al estanque a ver aquel brillo plateado escondido en su abismo. En la inmensa oscuridad del cielo sin luna, el estanque iluminado se convirtió en el gran centro de atracción de la tierra.

El sol, que se aburría de estar solo en el cielo, hizo entonces algo terrible para salvar y recuperar a su amiga, la coqueta luna.

Secó el estanque con la fuerza de sus rayos.

Hasta la última gota.

Sin el agua sepultándola, la luna pudo salir del fondo y, de un salto, volvió al cielo, pero tan y tan avergonzada que durante un tiempo se oscureció a sí misma.

Ya nada fue igual.

Desde entonces, la luna sólo brilla una vez cada cierto tiempo y atraviesa cuatro fases cíclicas. Cuando está hermosa y llena, recuerda su culpa y mengua hasta oscurecerse, y cuando está oscura, se rebela contra su destino y crece y aumenta hasta volver a estar llena. Es su castigo.

Mientras, en la tierra, gracias a la naturaleza, aquel lago volvió a llenarse de agua, y se llenó tanto que se desbordó, y de él nacieron los mares, y los océanos, y...

Pero ésa es otra historia.

Y buscó la suerte
que andaba de blanco
o andaba de verde.

Buscó en las aceras
de muchas ciudades
y en ciertas veredas.

Buscó en los inviernos;
buscó en los veranos
y cerca del cielo.

Buscando y buscando
pasaron los meses
y se fue cansando.

Miraba la calle;
cerraba las puertas;
perdía las llaves.

La vida seguía;
sus brazos cansados
las fuerzas perdían.

Y un día soñó
con una mujer
que ni lo miró.

Él quiso llamarla
pero ya en su voz
no había palabras.

La suerte buscaba
y no dio con ella.
¡Qué triste sonata!

LA SUERTE TIENE DOS CARAS

En una casa vivían dos hermanos llamados Juan y José.

Desde la muerte de sus padres, a ellos les tocaba cuidarse de todo. Pero había un problema: Juan era muy trabajador y José un holgazán. Juan nunca dejaba nada para el día siguiente, se esforzaba en procurar que no faltase comida, cuidaba las tierras, que las siembras se hicieran en su momento y también recogía después las cosechas. Atendía el ganado, compraba, vendía, iba de un lado para otro y jamás se quejaba de nada, ni siquiera de su hermano José, el cual por su parte nunca realizaba ningún esfuerzo ni mostraba la menor disposición a colaborar en tarea alguna que significara un atisbo de cansancio. José decía que era suficiente con que uno de los dos se deslomara trabajando. Más aún: se amparaba en su presunta torpeza para no emular, siquiera de lejos, a su hermano Juan. Y cuanto más trabajaba uno, menos lo hacía el otro.

Un día de primavera, después del peor in-

vierno en años y con las tierras en precaria situación por los muchos problemas que sobrellevaban, Juan se tumbó a la hora del sol bajo un árbol de grandes y frondosas ramas, para descansar un poco. Fue entonces cuando suspiró abrumado:

—¡Si tuviera un poco de suerte...!

—Hola —dijo una voz casi al instante.

Y allí, frente a él, vio a una bellísima muchacha que le sonreía con candor.

Juan nunca la había visto, así que le preguntó impresionado:

—¿Quién eres tú?

—Soy tu suerte —dijo ella—. He oído que me llamabas.

—¿Mi suerte? —La expresión de Juan era de no creérselo.

Pero ella, sin dejar de sonreír, le dijo antes de dar media vuelta:

—Hoy ve a casa por la carretera, no por el camino viejo, y hazlo media hora antes de lo habitual.

—¡Espera!

Juan trató de detenerla en vano. Se levantó

al punto, pero por más que la buscó por el bosque, ya no volvió a verla. Sin poder apartarla de su pensamiento, a la hora indicada por la aparición decidió regresar a casa y hacerlo como ella le había dicho.

Justo al llegar a la carretera, Juan contempló atónito un accidente de coche. De no haber estado él allí en ese preciso instante, los ocupantes del vehículo, un hombre, su mujer y su hija pequeña, habrían muerto. Los rescató, y fue su rápida intervención lo que les salvó la vida, saliendo además indemnes del percance.

Resultó que el conductor era un hombre de negocios que, en recompensa y emocionado, entregó a Juan todo el dinero que llevaba encima, una auténtica fortuna. ¡Con aquella suma iban a poder superar sus problemas!

Al llegar a casa, Juan le contó a su hermano la historia de su suerte y le mostró el dinero de la recompensa. José quedó tan impresionado que al día siguiente se levantó temprano y fue al mismo árbol bajo el cual la fortuna se le había aparecido a Juan. Una vez en él...

—¡Suerte! —llamó.

Y al punto apareció una mujer anciana a la que le faltaba un ojo, un brazo y todos los dientes; tan desagradable como un sarmiento retorcido, con una verruga en la nariz y el cabello hirsuto y estropajoso. Tan espantosa era su imagen, que José retrocedió asustado al verla.

—¡Tú no eres mi suerte! —exclamó.

A lo que la anciana, echándose a gritar muy enfadada respondió:

—¡Pues claro que soy tu suerte, estúpido! ¡Y fíjate cómo estoy! ¿Acaso no sabes que la suerte hay que buscarla, ganarla, cuidarla, protegerla y mimarla? ¡Todo ser humano tiene su suerte, sólo yo debo de ser la más fea y horrible, por tu culpa! Dime, ¿qué quieres?, ¡gandul!

José echó a correr espantado, pues si aquella era su suerte, ¿qué podía pedirle?

Desde aquel día, el infortunado y vago José trabajó junto a su hermano, codo con codo, regenerado y convencido. Y años después, siendo ya sus tierras las mejores y más provechosas de la región, se les conocía en todas partes como «los hermanos afortunados», por los muchos y abundantes frutos recogidos con su esfuerzo.

En un rincón del aire,
el jardinero
cuida un jardín de nubes
de terciopelo.

Planta árboles de nieve,
el jardinero
y borra la tristeza
de los luceros.

De pie, junto a una fuente,
el jardinero
sostiene unas camelias
entre los dedos.

Se sienta en una rama,
el jardinero
y entona un dúo alegre
con un jilguero.

Repinta los otoños
el jardinero
y llena de ilusiones
la flor del sueño.

En un rincón del aire,
el jardinero
impide que las hojas
cubran el cielo.

EL JARDINERO QUE PIDIÓ LLUVIA Y SOL

El jardinero plantó semillas, miró al cielo y pidió lluvia.

Y llovió.

Llovió tanto que su jardín quedó inundado, con todas las flores muertas y las semillas ahogadas.

El jardinero, entonces, miró al cielo y pidió sol.

Salió el sol.

Tan y tan fuerte, que en unas horas secó el agua pero también la tierra, convirtiendo el jardín en un erial.

El jardinero se quedó muy pensativo.

Volvió a trabajar la tierra, a esponjarla y prepararla, abonarla y enriquecerla, y compró semillas, las plantó y las regó con las manos. No se atrevía a mirar al cielo.

Aquel día llovió un poco.

Aquel día el sol fue generoso.

Aquella noche, sentado en su jardín, el jardinero casi podía oír la tierra y, más aún, las semillas, germinando, creciendo imparables, dispuestas a darle sus mejores flores.

Había aprendido una lección.

—La naturaleza es sabia —se dijo.

Y a veces generosa.

Y su jardín fue el mejor y el más hermoso de la comarca.

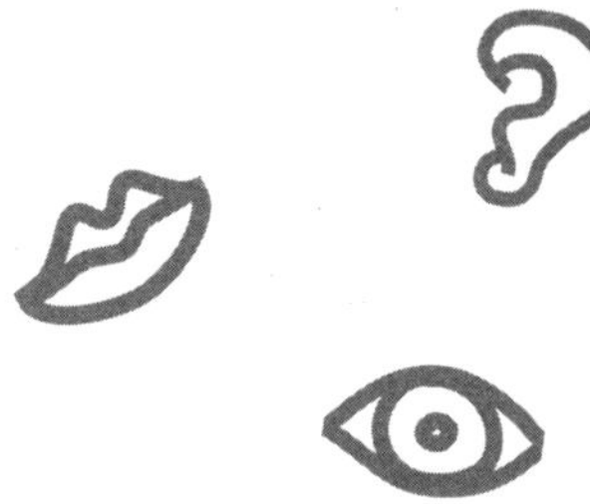

Yo soy mudo,
sordo y ciego
y estos versos
no los leo.

No los oigo
no los digo,
pero de ellos
yo me río.

Yo soy ciego
mudo y sordo,
soy delgado,
tú eres gordo.

Tú eres alta,
tú pequeña,
tienes granos,
tienes pecas.

Yo soy sordo,
ciego y mudo,
¿tú eres calvo o
melenudo?

Tu cabeza es
un melón
y tus ojos
de limón.

EL CIEGO, EL SORDO Y EL MUDO

Un ciego, un sordo y un mudo se sentaban todas las mañanas en el mismo banco del parque. Hablaban de muchas cosas, pero nunca se ponían de acuerdo en lo que más les preocupaba: sus propias discapacidades.

—Sin lugar a dudas, lo mío es lo peor —decía el ciego—. No puedo ver el cielo, los árboles, las plantas, el color y las formas del mundo. Mi desgracia es la más terrible.

—No estoy de acuerdo —manifestaba el sordo, que leía las palabras en los labios de su compañero—. Lo mío es mucho más dramático, pues no puedo oír las voces de los seres humanos, ni sus risas, ni la música, ni la voz de la naturaleza.

El mudo hablaba por señas, así que les rebatía sus argumentos diciéndoles que en modo alguno ellos estaban peor que él. Aseguraba que no poder expresar sus sentimientos era muy triste. Por supuesto, las señas se las hacía al sordo, para que éste le trasladara de viva voz al ciego lo que decía su compañero mudo.

Y así, nunca se ponían de acuerdo. Era imposible.

Un día se sentó en el banco una anciana. Los oyó discutir y les dijo que era una bruja, que tenía poderes.

—Puedo cambiar vuestras desgracias —les aseguró—. O mejor dicho, intercambiarlas. ¿Estaríais dispuestos?

—Yo preferiría mil veces ser ciego —dijo el sordo.

—Yo mudo —dijo el ciego.

Y el mudo, señalando al sordo, mostró también cuál era su opción.

Al momento, la anciana cumplió sus respectivos deseos.

Los tres hombres, expectantes, experimentaron las primeras reacciones ante su nuevo estado, sorprendiéndose ante las perspectivas que esto les abría. El sordo, ahora ciego, oía todo lo que antes no podía. El ciego, ahora mudo, veía el mundo fascinado por su grandeza. El mudo, ahora sordo, se puso a hablar sin freno.

Los tres marcharon a sus respectivas casas muy contentos.

Pero al día siguiente, cuando volvieron a reunirse, sus rostros mostraban de todo menos alegría.

—¿De qué me sirve oírlo todo, si no sé de dónde viene cada sonido ni qué o quién lo produce? —se quejó el nuevo ciego, antes sordo.

—¿Y a mí, de qué me sirve hablar, si no puedo siquiera oír lo que digo? —rezongó el nuevo sordo, antes mudo.

El nuevo mudo, antes ciego, a su vez les indicó por señas que tampoco se sentía mejor o más feliz, pues al no poder hablar, le era imposible expresar lo que la visión del mundo le producía.

Pensando en su nuevo estado, se encontraron de pronto con la presencia de la anciana del día anterior, que les contemplaba sonriente. Al verlos tan atribulados, les preguntó si querían volver a cambiar, pues a lo peor, habían elegido mal. Tal vez el ciego, antes sordo, ahora deseara ser mudo. Quizá el mudo, antes ciego, escogiera ahora ser sordo. O tal vez el sordo, antes mudo, prefiriera probar la ceguera.

El sordo, tras leer los labios de la anciana, movió la cabeza enérgicamente en sentido horizontal. El ciego hizo lo mismo después de oírla. El mudo no les fue a la zaga en su gesto.

—Está claro que todos creemos que nuestro mal es peor que el del vecino —dijo el ciego.

—Nadie está contento con lo que tiene —adujo el sordo.

El mudo asintió con la cabeza.

Al instante, los tres recobraron su primitivo estado, aquel en el que habían vivido los años anteriores. La anciana desapareció sin dejar rastro. El sordo y el mudo miraron arriba y abajo del parque. El ciego suspiró. Después, los envolvió el silencio un largo rato.

Nunca más volvieron a hablar de sus problemas.

Para el mar son las estrellas
y las algas para el cielo.
¡Qué bonitos los luceros
y qué bellas las cometas!

Las estrellas en el mar
no se mojan ni se entierran,
son unas luces de seda
que no dejan de brillar.

Y las algas en el cielo
son cometas de colores,
que bailan en los rincones
y avivan todos los sueños.

Las estrellas en el mar
y las algas en el cielo,
son cometas, son luceros
que no dejan de volar.

LA ESTRELLA Y EL PEZ

Aquélla era sin duda la estrella de mar más hermosa de cuantas poblaban los siete mares.

Cinco brazos de colores, miles de filamentos sobre los cuales se desplazaba, la calma y la paz de su mundo por horizonte.

La estrella de mar era feliz.

Tanto como aquel pez, brillante, igualmente lleno de colores, rápido, capaz de nadar de un lado a otro con el poderoso movimiento de sus aletas.

El día en que el pez vio a la estrella...

Se enamoró de tal forma que ya no pudo dejar de dar vueltas en torno a ella.

—Estrella, te quiero. Es mi deseo que pasemos la vida juntos —se le declaró.

La estrella de mar, tan enamorada del pez como él de ella, le respondió:

—Yo también te quiero, pero nuestro amor es imposible. Tú eres un pez capaz de nadar libre, mientras que yo soy una estrella siempre destinada a caminar despacio.

No se resignó el pez. Cogió a la estrella suavemente con la boca, viajó hasta el corazón del mar y pidió audiencia al poderoso rey Neptuno, amo y señor de las aguas. Una vez en su presencia, le expuso el problema.

—Grave es, sin duda —repuso pensativo Neptuno—. Y no veo otra forma de solucionarlo que mediante la conversión de uno de los dos en lo que es el otro. ¿Cuál está dispuesto a cambiar su forma?

La estrella y el pez se miraron. Una y otro amaban lo que eran. Pero más amaban la felicidad de compartir el futuro juntos.

—Yo seré una estrella —dijo el pez, sin importarle no poder nadar nunca más de un lado a otro.

—Yo seré un pez —dijo la estrella, sin importarle renunciar a su hermosa figura.

No se pusieron de acuerdo. Los dos estaban dispuestos al sacrificio por su amor. Neptuno supo que tenía que ser justo, y entonces tuvo una idea.

—Besaos. Aquel cuyo amor sea más puro, cambiará de forma.

El pez y la estrella se unieron en un dulce beso.

Y entonces, para sorpresa de todos, los dos dejaron de ser lo que eran.

Pero el pez no se convirtió en una estrella.

Ni la estrella en un pez.

Transformados en sendos caballitos de mar, gráciles y diferentes, supieron comprender que ya no les importaba su aspecto, sino lo que sentían.

Desde aquel día, todos saben que los caballitos de mar son peces y estrellas, o cualquier otro ser vivo de las profundidades enamorado de un sueño y capaz de vivir y cambiar por él.

Puede que por ello sean tan especiales.

Quería ser cometa
y volar,
ser nube de algodón
y nadar.

Quería ser pincel
y pintar,
mojarse en los colores
y manchar.

Quería ser el viento
y soplar,
entrar por las ventanas
y silbar.

Quería ver al genio
y gozar,
pedirle tres deseos
y cantar.

Quería cuatro besos
y besar,
dormir junto a su madre
y soñar.

EL GUSANO Y EL GENIO

Un gusano triste y deprimido por ser precisamente lo que era, un gusano, se arrastraba por un desierto castigado por el sol. Trataba de moverse rápido, porque la arena empezaba a abrasarle el cuerpo. En el colmo de su mala suerte, por si no fuera poco ser un gusano y estar triste y deprimido, mientras se hallaba en una jugosa planta de un oasis próximo y del cual nunca se movía (¿para qué?), un pájaro había arrancado parte del tallo y algunas hojas, y se lo había llevado a él por el aire. Atinó a soltarse para no acabar en algún nido, pero la caída le llevó a bastante distancia del oasis, así que ahora se daba mucha prisa para regresar antes de que fuera demasiado tarde.

En su carrera estaba el pobre gusano cuando se encontró con algo que sobresalía levemente de la arena. Algo con un orificio de entrada. Primero pensó que era una oquedad en la que refugiarse un rato, pero al introducir la cabeza por aquel agujero, comprendió que, en realidad, aquello era un ánfora. Y entró.

El ánfora no era muy grande, pero cuál no sería la sorpresa del gusano cuando, en su interior, alegremente cantarín, se encontró con un ser no mucho mayor que él, tumbado sobre el fondo. El gusano se quedó boquiabierto.

—¿Quién eres tú? —quiso saber.

—¿Yo? —respondió el extraño ser—. Pues un genio. ¿Quién quieres que viva aquí? ¡Soy el genio del ánfora! ¿No has oído hablar de mí?

—No —respondió el gusano—. ¿Y qué haces en este lugar?

—Oh, es una historia muy larga. —El genio hizo un gesto de indiferencia—. Te aburriría.

—¿Vives aquí dentro?

—¡Qué pregunta! ¡Claro que vivo aquí dentro! ¡Se está muy bien, soy feliz! ¡Esto son unas vacaciones!

—Vaya. —El gusano no entendía nada.

—Oye, amigo. —El genio se cruzó de bra-

zos—. Me has caído simpático. Si me pides tres deseos, te los concederé. Los genios hacemos siempre eso, ¿sabes? Adelante, adelante.

El gusano se lo pensó. ¿Tres deseos? ¡Qué maravilla!

—Quiero dejar de ser un gusano. Quiero ser... una enorme y hermosa mariposa.

Y al instante, se vio convertido en una mariposa.

El gusano, ahora mariposa, echó a volar feliz. Se olvidó incluso de los otros dos deseos. Batió las alas para llegar al agujero del ánfora pero entonces se dio cuenta de que no podía pasar por él. Era demasiado grande.

—Genio —dijo—. Tendré que ser más pequeña si quiero salir.

—¡Segundo deseo, marchando! —cantó el genio.

El gusano, ahora mariposa, quedó convertido en una pequeña polilla.

Ya podía salir por el agujero del ánfora, pero estaba peor que siendo gusano. Era ridículo. Una polilla insignificante y enana.

—Si salgo así, moriré quemado por cualquier luz. Y además, me siento horrible. ¿Qué puedo hacer? —se lamentó.

—Vuelve a ser un gusano —le propuso el genio.

—De acuerdo —se resignó la polilla que antes había sido una mariposa que antes había sido un gusano.

Y el genio la transformó en lo que era al comienzo.

—Tus tres deseos han sido satisfechos —sonrió el genio—. Ya puedes irte. Vuelve cuando quieras.

El gusano reptó hacia la salida sintiéndose un poco ingenuo. ¡El genio le había tomado los escasos pelines de su cabeza! Se asomó por el agujero y pensó en volver a entrar para pedir tres nuevos deseos, ahora mucho más inteligentes.

No lo hizo.

Continuó reptando hacia el oasis, para alcanzar su amparo antes de que el sol calentara aún con más fuerza.

—Cuidado con lo que deseas —se dijo a sí mismo—, porque puedes conseguirlo.

En la acera de tu calle
con un niño me encontré
y me dijo con dulzura:
«Pase, pase, don Usted».

Su nariz era de nácar
y sus labios de pastel.
Sus cabellos eran olas
y su risa, un cascabel.

Yo le vi en los ojos algas
y unos barcos en la piel,
unas rocas en la frente
y gaviotas en los pies.

En la acera de tu calle
con un niño me crucé.
Ya no sé si un niño era,
si era el mar o sólo un pez.

LA NIÑA DEL ESPEJO

Apareció en la esquina de su calle.

En el escaparate de una tienda nueva y reluciente que acababan de abrir.

Un gran espejo en el que se reflejaba, pero en el cual todo se veía desde el otro lado.

Allí estaba ella, y también su otro yo, del revés.

Como su nombre era Ana, la niña del espejo se llamaba igual: Ana. Pero el resto del mundo cambiaba de un modo fascinante. Lo que a un lado era de una manera, en el espejo era de otra.

—Amor —dijo Ana.

Y la niña del espejo pronunció:

—Roma.

—Arroz —dijo Ana.

Y la niña del espejo exclamó:

—Zorra.

Ana llevó a todos sus amigos frente al espejo, sin decirles nada. Eva se convirtió en Ave, pero sin plumas pese a que era muy coqueta. El tímido Noel fue León. Sebas, que era muy listo, cambió a Sabes. Y Omar, que procedía de Marruecos, pasó a ser Ramo.

Lo más divertido fue ver que en el espejo Adán era Nada y en cambio Sam era Más, mientras que el reflejo de Alba era Abla, ¡sin hache!, lógico si tenía en cuenta lo mal que escribía su amiga.

Ana llevaba todas las tardes nuevas palabras al espejo, para que su otro yo, su doble, su reflejo, las pronunciara del revés.

—Orbe.

—Ebro.

—Suez.

—Zeus.

—Satán.

—Natas.

Los vecinos, al verla, sonreían creyendo que lo único que hacía era mirarse en el espejo. A veces, Ana pasaba allí mucho tiempo. Salía de la escuela y corría hasta llegar a la tienda. Buscaba palabras en el diccionario.

—Liga, rara, oído...

—Ágil, arar, odio...

—Ranas, ratón, ocas, rata...

ЯOMA

—Sanar, notar, saco, atar...

—Alas, rama, Roma, atrapa, raro...

—Sala, amar, amor, aparta, orar...

Palabras y más palabras. Juegos y más juegos. Cuando ella movía la mano derecha, su doble movía la izquierda. Cuando ella guiñaba el ojo derecho, su doble guiñaba el izquierdo. Todo igual, pero diferente.

Un día, Ana entró en la tienda y cuando nadie la miraba, se colocó delante del espejo, tan y tan cerca que... ¡entró en él!

Entonces, ella misma salió del otro lado. Su doble perfecto.

Se quedaron mirándose las dos, perplejas.

—¿Puedo quedarme en este lado un rato? —preguntó la recién salida.

—Claro —aceptó la Ana que ahora estaba en el espejo.

Y la nueva Ana echó a correr por el mundo, que hasta entonces sólo había visto a través del espejo.

Durante días, semanas, meses... años, Ana y Ana jugaron a ser una y otra, dentro y fuera, imagen y reflejo.

Hasta que un día, Ana entró en la tienda, compró el espejo, se lo llevó a su casa y una vez allí... lo rompió. En mil pedazos.

Nadie sabe qué Ana fue.

Ni tampoco se sabe el motivo.

Pero desde entonces se la ve feliz.

Extrañamente feliz.

Inquietantemente feliz.

Libre.

Y si me preguntas cómo sé yo esa historia...

Vamos, levántate, busca un espejo, acércate sin miedo, mírate fijamente y, despacio, muy despacio, sin apartar los ojos de ti mismo o de ti misma, pronuncia tu nombre y... espera.

Sólo espera.

No irás a tener miedo, ¿verdad?

Se enfada la araña
cuando ve que el sol
de luz no la baña
y apaga el farol.

A oscuras, la araña,
temblando de frío
se mete en la cama.
La cubre el rocío.

No duerme la araña.
Está negro el cielo.
Ni el sueño la engaña.
Se muere de miedo.

¡Qué triste la araña!
¡Qué pena me da!
El sol no la baña
y el día se va.

EL HONOR DEL SALTAMONTES

En lo más profundo del bosque, el saltamontes *Salta Montes* dio un brinco tan fuerte... que fue a parar a la mismísima tela de la araña *Nara*. La araña, que dormía tan tranquila, despertó al notar la fuerte sacudida de su tela y se lanzó presta a ver qué había sucedido. Cuando vio al rollizo saltamontes se dispuso a envolverlo con sus hilos.

Incapaz de hacer nada, prisionero de la tela, *Salta Montes* supo que iba a morir. Pero antes de que la araña llegara hasta él, le dijo:

—Espera, por favor, aún no me comas.

—¿Por qué? —preguntó *Nara*.

—He caído en tu tela, y es la ley del bosque, lo sé. Pero antes de morir me gustaría despedirme de mi esposa y mis hijos.

—No veo cómo —se extrañó aún más *Nara*.

—Déjame marchar. Iré a mi casa, les diré adiós y volveré.

—No, no volverás.

—Lo haré —aseguró *Salta Montes*—. La

palabra de un saltamontes también es ley. Te lo prometo.

La araña *Nara* tenía hambre, pero aquel saltamontes... Caramba, tenía una familia. Y nunca más sabrían de él.

—¿Cuántos hijos tienes?

—Tres. Y no veas ya lo que saltan.

—No tendría que haber hablado contigo —suspiró *Nara*, lamentando su buena disposición—. Anda, vete. Ya no puedo comerte.

Y deshizo los hilos para liberar al saltamontes.

—Volveré —le aseguró él.

—Ya, ya —se resignó la araña.

Lo vio alejarse dando saltos, y tras eso pasó la tarde y al anochecer, *Nara* oyó una voz llamándola.

—¡Araña, prepara la tela, que salto!

Era *Salta Montes*.

—¿Qué haces aquí? —se extrañó *Nara*.

—¿No te dije que volvería? Mi honor estaba en juego.

—¿Ya te has despedido de tu familia?

—Llorando les he dejado, sí. ¿Estás dispuesta? Cuanto antes acabemos, mejor.

—Espera, espera —le detuvo *Nara* al ver que el saltamontes se disponía a saltar sobre la tela.

Aquel animal era un buen bicho, sin lugar a dudas.

—Tengo hambre —reconoció *Nara*—. Si me invitaras a cenar no tendría que comerte.

Salta Montes abrió los ojos. Se le iluminaron de pronto.

—¡Eso está hecho! —manifestó.

Aquella noche, *Nara* cenó en casa de *Salta Montes*. Y se lo pasó tan ricamente y se rió tanto, que al día siguiente deshizo la tela y anunció que se hacía vegetariana.

Que se sepa, es la primera araña vegetariana del bosque.

Pero es feliz. Tiene un montón de amigos que siempre la invitan a cenar.

DÍA 21

Todo todo
frío,
el bosque
y el río.
Todo todo
blanco,
la nieve
y el llanto.
Todo todo
lento,
las olas
y el viento.

Todo todo
espuma,
la sal
y la bruma.
Frío todo,
todo blanco,
lento todo,
todo espuma,
tu voz
y la luna.

EL PRIMER CUENTO DE LA HISTORIA

En la primera ocasión eran el viento y la lluvia.

Se enamoraron intensamente. Querían estar juntos, para siempre. La lluvia caía y el viento jugaba con ella. El viento soplaba cálido y la lluvia lo enfriaba. Eran inseparables.

Pero su amor fue imposible.

Cuando se reencarnaron, se encontraron bajo otra forma: una mariposa y un dinosaurio.

La mariposa se pasaba el día revoloteando por la cabeza del dinosaurio. El dinosaurio se extasiaba viéndola volar. Ella admiraba su grandeza y él, sus alas de colores. Eran felices, de nuevo inseparables.

Pero su amor fue imposible.

Reencarnados de nuevo, fueron la luna y el sol.

La luna salía de noche. El sol salía de día. Se veían muy poco, aunque era suficiente. A

veces incluso coincidían y se hablaban desde la distancia. Tan cerca. Tan lejos. Una vez más, inseparables; víctimas de un amor imposible.

La siguiente reencarnación volvió a acercarlos. Ella fue una canción, él la guitarra que la interpretaba.

Cada nota saltaba por entre sus cuerdas, brincaba y brillaba con una luz propia e indeleble, y la armonía con la que sonaba la melodía en esas cuerdas la hizo inmortal, mágica, única. La mejor canción para el mejor instrumento.

Sin embargo, de nuevo su amor fue una locura imposible.

—Lo quiero todo —dijo ella.

—Lo quiero todo —dijo él.

Esperaron.

La quinta vez fueron una flor y una abeja.

La sexta vez una piedra y un pájaro.

Y con la séptima...

Lo fueron todo.

—¿Quién eres? —quiso saber él, sorprendido, al verla.

—Una mujer. ¿Y tú? —brillaron sus ojos.

—Un hombre.

Se amaban desde el comienzo, desde el origen, y por ello, habían esperado.

Su amor dejó huella. Miles de huellas. El todo se convirtió en el inicio. Por ello, los hijos del primer hombre y de la primera mujer, son los hijos de la tierra y del mundo, de la vida y de la esperanza. Los hijos del amor.

Y éste fue el primer cuento escrito en la historia.

Un jilguero enamorado
entonaba melodías
recostado en una rama
cada noche, cada día.

Y en el árbol, bien guardado,
un secreto se escondía;
eran versos de una niña
que soñaba y escribía.

Y el jilguero enamorado
con los versos se encontró;
se le nublaron los ojos
cuando el secreto leyó.

¿Y qué decía el poema?
¡Que nos lo deje leer!
Era un enigma guardado
que se acabó por romper.

Así decían los versos
que el jilguero descubrió
en una hoja de roble
muy cerca del corazón:

Verdes tus ojos,
ojos de luz,
luz de mi vida,
vida eres tú.
Tú tienes alas,
voz de tenor,
tenor del viento,
viento de amor.

Y ya no dudó el jilguero
que la niña lo quería;
él le cantaba alegre
cada noche, cada día.

EL SECRETO DEL ÁRBOL

Antiguamente existía la tradición de guardar los secretos en los árboles. Los secretos que nadie podía saber y pesaban en el corazón de las personas. Quien tuviera uno de esos secretos buscaba un árbol apartado y en un agujero del tronco, musitaba las palabras que revelaban ese secreto, despacio, en voz muy baja. Después, tapaba el agujero con barro, hojas secas o plantas arrancadas previamente del suelo. Y allí quedaba el misterio, oculto, a lo largo de los tiempos.

Un viejo, muy viejo árbol, que guardaba el secreto de un niño desde hacía algunos años, fue arrancado un día de cuajo por un fuerte vendaval. Al caer al suelo, destrozado y herido de muerte, aquel agujero sellado quedó súbitamente destapado a causa del impacto y la lluvia, que ablandó el barro que lo protegía. Entonces, el secreto, liviano como una pluma, pues por algo procedía de un niño, voló por el aire durante días, dando vueltas y más vueltas, hasta que se posó en la ventana de una niña que, asombrada, lo recogió en sus manos con mucho cuidado y lo guardó en una caja.

Aquella noche, la niña abrió la caja y entonces, en el silencio, escuchó el secreto. Fue un murmullo muy suave que anunció:

—Amo a Beatriz y un día me casaré con ella.

La niña se quedó perpleja, pues Beatriz era el nombre de su madre. Cerró la caja y bajó al comedor, preguntándose si acaso pudiera tratarse de ella. Y en tal caso, ¿quién habría sido aquel niño?

—Mamá —le preguntó cuando estuvieron las dos solas— ¿tuviste muchos pretendientes cuando eras joven?

Y, con un ligero arrobo, la mujer le respondió:

—Siempre supe que me casaría con tu padre, pues sólo a él amé desde que era muy niña.

La niña se quedó pensativa. Salió del comedor y vio a su padre, en el jardincito, arreglando la vieja cerca que siempre tenía algún que otro problema a causa de los años. Su padre era la persona más buena del mundo. Todos lo querían. Se preguntó entonces quién habría sido el rival de su padre tantos años atrás. El niño que guardó aquel secreto en el árbol.

E incluso sintió pena por él.

Porque debía de ser muy triste amar sin esperanzas.

Todas las noches, la niña escuchaba aquellas palabras, que flotaban dentro de la caja en la que las había guardado.

—Amo a Beatriz y un día me casaré con ella.

Hizo indagaciones. No había ninguna otra

Beatriz en el pueblo. Más aún: en los últimos años no había existido nadie más con ese nombre. Su madre era pues la destinataria de aquel secreto único.

La curiosidad se adueñó de ella.

Aunque sabía que nunca, nunca, podría averiguar el nombre del niño que estuvo enamorado de su madre años antes.

¿El señor Gaspar, el tendero, que seguía soltero, según se decía, a causa de algo que le había sucedido cuando era joven? ¿El señor León, el cartero, que siempre fue amigo de la familia, desde antes de que sus padres se casaran? ¿El señor Nicodemo, el alcalde, que se había casado ya muy mayor?

La duda, el misterio, la curiosidad, llegaron a apoderarse de la niña de tal forma que a veces aquello se convertía en una obsesión. Por la noche, escuchaba las palabras del secreto, la voz de aquel niño, y acariciaba su susurro, cerraba los ojos, se dejaba llevar por la dulzura y al mismo tiempo la firmeza de la voz.

—¿Quién eres? —preguntaba sin éxito.

Una mañana de domingo, su padre y ella

salieron temprano para ir a la gran feria que se celebraba en el pueblo vecino. Felices y contentos, cantando, emprendieron el camino subidos al carro tirado por *Félix*, su caballo. Y al pasar junto a un viejo árbol caído a un lado de la senda...

—Vaya, mi árbol —dijo el hombre.

—¿Tu árbol, papá?

—Hace años, siendo niño, guardé en ese tronco un secreto maravilloso.

—¿Y cuál era ese secreto? —parpadeó la niña con el corazón detenido en el pecho.

—Pues que un día me casaría con tu madre, ya que la quise siempre, desde que tengo uso de razón. Para mí no hubo jamás ninguna como ella.

La niña miró el viejo árbol caído.

Sonrió.

Y aquella noche, feliz, abrió la caja para que el secreto volara libre como una mariposa rumbo a las estrellas.

Voy de ronda.
Voy de paso.
Llevo peines.
Traigo lazos.

Voy de luna.
Voy de raso.
Llevo eneros.
Traigo mayos.

Voy de ronda.
Voy de paso.
Llevo flautas.
Traigo saxos.

Voy de luna.
Voy de raso.
Llevo mares.
Traigo barcos.

EL VENDEDOR DE ILUSIONES

Era un hombre que vendía ilusiones.

Llegaba a una placita, montaba una mesa cubierta con una hermosa tela de colores, la llenaba de objetos peculiares y esperaba.

Vendía pelotas cuadradas, vasos sin fondo, teteras con el asa y el pitorro del mismo lado, gafas sin cristales, periódicos sin letras, relojes sin agujas...

Las personas lo miraban mal. Le llamaban loco. Los niños, sin embargo, lo entendían. Lo observaban todo mitad divertidos mitad curiosos. Claro que ellos no tenían dinero para comprar nada, y menos cosas inútiles. De cualquier forma, no hacía falta dinero para comprar sueños o fantasías.

El vendedor esperaba, paciente.

—Estos objetos son estúpidos —protestó una mañana una mujer.

—Una pelota cuadrada es perfecta para quien no le guste el fútbol. Y un vaso sin fondo, si se tapa uno de sus lados con la mano, sirve igual, pero si no se tiene sed, mejor. Y las gafas sin cristales son para quienes quieran ver la verdad. El periódico sin letras es muy útil para quien quiera llenarlo de buenas noticias en lugar de las que suelen llevar. Y el reloj sin agujas es ideal para quien nunca tenga prisa.

La señora se apartó enfurruñada y nada convencida.

Se acercó entonces una niña.

—¿Tiene usted una nube de color verde?

El vendedor abrió una caja, y de ella extrajo una preciosa nube verde, que tendió a la niña.

La pequeña se marchó con ella, radiante, se subió a un banco del parque y la empujó hacia arriba, rumbo al cielo. La nube voló y subió, despacio, columpiándose en el aire. Flotó libre sobre sus cabezas un largo rato y, después, se alejó empujada por el viento.

La señora, que lo había visto todo, se acercó de nuevo al vendedor.

—Esa nube era real —dijo extrañada—. Y verde.

—Todo depende de cómo se mire, señora —respondió el vendedor—. Y de lo que tenga en su corazón. ¿Quién sabe lo que es de verdad o no? Yo sólo vendo ilusiones.

Y muy despacio, él y su puestecito lleno de objetos raros se desvanecieron ante los ojos de la señora.

En el cielo quedó la nube verde, deshaciéndose, como un helado al sol, mientras se alejaba de allí.

Cansado, sin fuerzas,
el pájaro estaba;
y solo en el cielo
el pobre volaba.

Cansado, sin fuerzas,
su cuerpo caía;
heridas las alas,
el pobre sufría.

Cansado, sin fuerzas,
perdía el sentido;
el gris de las nubes
cubría el vacío.

El pobre sentía
muy cerca el desastre;
cerraba los ojos.
Moría la tarde.

Y cuando en el aire
teñido de negro,
una mano amiga
lo aleja del suelo,

cansado, sin fuerzas,
el pájaro enfermo
aún no se cree
que huyó del infierno.

LA ISLA PERDIDA

Érase una isla que estaba en mitad del océano.

Era menos que una isla, era un islote. O quizá, incluso menos que un islote, un peñasco. Tenía media docena de árboles, matorrales y un diminuto estanque siempre lleno de agua.

La pobre isla estaba sola, aburrida, y se lamentaba de ello.

Nadie había puesto jamás un pie en ella. Los barcos pasaban lejos de su costa, observándola de reojo bajo el temor de chocar contra sus rocas. Si alguien hubiese podido volar por el cielo, ni siquiera se habría fijado en ella. El lugar habitado más próximo debía de estar a cientos, tal vez miles de kilómetros.

La pobre isla se sentía inútil. No servía para nada. ¿Qué estaba haciendo ella allí, en medio de ninguna parte?

—Que vida más estéril —suspiraba.

Hasta que un día se posó en su más alto promontorio un extraño pájaro.

La isla lo observó curiosa. Entonces, el pájaro le dijo:

—Menos mal que te he encontrado. Estaba agotado de volar. Me he desviado de la ruta migratoria y sin ti... habría muerto.

—¿Qué es la ruta migratoria? —preguntó la isla.

—El camino que seguimos todos los pájaros para ir a las tierras del otro lado del mar al cambiar las estaciones, y que siempre hemos seguido. Si hubiéramos sabido que estabas tú aquí, sería más corto.

La isla calló. Y horas después, el pájaro reemprendió el vuelo y se marchó.

Meses después, una docena de pájaros se posó en la isla, que reconoció en uno de ellos al que había estado allí tiempo atrás.

—¿Veis como tenía razón? ¿A que es una isla genial? —se jactaba el pájaro ante los demás.

Dijeron que sí, descansando en las ramas de los árboles, recuperando el resuello.

Meses después, toda una inmensa bandada de pájaros se posó en la isla.

Y en el siguiente flujo migratorio, fueron

miles más, de distintas y maravillosas especies.

Y así...

Con el tiempo, la isla fue el lugar más vivo y animado en mitad del océano, punto de paso obligado de miles de aves que atravesaban el océano de extremo a extremo.

Un día también apareció una hormiga despistada. Se había subido a las plumas de un pájaro justo cuando éste iba a echar a volar. La hormiga formó una colonia en la isla. Otro día fue una oruga, tan desconcertada como la hormiga, que había caído de una rama sobre otro pájaro cuando éste emprendía su viaje a la isla. La oruga se convirtió en mariposa. Las flores se hicieron hermosas. Los árboles crecieron más y fueron grandes y hermosos.

Cientos de años después, la isla era la más concurrida y alegre de todos los mares. Y también la más necesaria.

Dependían de ella.

Los pájaros que todos los años se posan en su tierra para hacer un alto en su camino migratorio la llaman isla Viva.

Pero sólo ellos saben dónde está.

DÍA 25

Lágrimas de viento.
Sueños de cristal.
Ojos asustados
por el vendaval.

Fría carcajada.
Risa de metal.
Ojos asustados
por el temporal.

Luz de madrugada.
Ramas de coral.
Ojos asustados
por el temporal.

Árboles de plata.
Pétalos de sal.
Ojos asustados
en el temporal.

Lágrimas de viento.
Sueños de cristal.
Unos ojos lloran
en el vendaval.

LOS DOS PÁJAROS

Un pájaro atrapado en una tempestad terrible tuvo que guarecerse entre las ramas de un árbol muy frondoso. El vendaval era tan fuerte que, a duras penas, se sostenía sin caerse.

Muy cerca, otro pájaro se balanceaba empapado y en difícil equilibrio, extendiendo las alas, en las ramas de otro árbol; éste apenas era un tronco delgado y flexible que iba de un lado a otro a expensas del viento.

—Tonto, ven aquí —le dijo el pájaro del árbol frondoso al pájaro del árbol delgado.

—No, tú sí eres tonto, ven aquí —le respondió el pájaro del árbol delgado al pájaro del árbol frondoso.

—¿No ves que te estás empapando y has de guardar el equilibrio con las alas extendidas?

—¿No ves tú que el vendaval arrancará ese recio árbol que no se dobla, mientras que el mío permanecerá en su sitio?

Ninguno de los dos se movió, seguro de sus razones, sin querer siquiera meditar las del otro.

Entonces el árbol grueso fue arrancado del suelo por un brutal golpe de viento, y el pájaro refugiado en sus ramas apenas si tuvo tiempo de echar a volar para no verse aplastado por él.

Y casi al mismo tiempo, el peso del agua y los vaivenes del árbol delgado terminaron por hacer caer al pájaro que se aferraba a él.

Los dos pájaros, en el suelo, se miraron consternados (además de doloridos y mojados).

Después, se echaron a reír.

—A fin de cuentas, somos pájaros —dijeron al unísono encogiéndose de alas.

Y se guarecieron bajo unas piedras, a esperar a que pasara el vendaval, junto a un grillo, dos orugas, un conejo y poco más de mil hormigas.

—Guareceos bajo tierra —dijo entonces un topo, sacando la cabeza por un agujero—. Es mucho mejor.

—Tonto —dijo una hormiga—. ¿No ves que si llueve mucho, el agua acabará inundando el túnel?

Los dos pájaros volvieron a mirarse.

Y se echaron a reír.

DÍA 26

Curioso, el iceberg
abandonó sus aguas,
dejó su mundo frío
y descubrió montañas.

Jugó con los pequeños,
nadó en las ensenadas;
las tierras eran verdes.
«¡Qué bellas!», suspiraba.

El sol, caballeroso,
su cuerpo desgastaba
con rayos como besos
que en su cara posaba.

Feliz por lo vivido
y tras duras jornadas,
el iceberg, de nuevo,
a casa regresaba.

Cuando atisbó los hielos
que en sus aguas flotaban,
el iceberg curioso
sintió la sangre helada.

«Ha valido la pena»,
en voz alta exclamaba.
Y muchos se reían.
El iceberg lloraba.

EL ICEBERG CURIOSO

Un iceberg que vivía cerca del Polo Norte, flotando plácido en las heladas aguas de aquel mundo frío, se hizo muy amigo de un pájaro que, en sus constantes vuelos migratorios, se posaba en él y le hablaba de otros mundos fascinantes, otras tierras e incluso de entes vivos extraordinarios. Aquellos mundos estaban lejos, al otro lado del océano, y eran cálidos, sin hielos eternos, además de verdes, marrones, rojos o amarillos, no como la constante blancura que le rodeaba. Y en cuanto a sus habitantes, resultaban curiosos: la mayoría de ellos se movían sobre dos patas, y eran unas veces inteligentes y otras torpes, pero sin duda diferentes.

El iceberg curioso, aburrido de su monotonía, quiso ver aquellas maravillas.

Un día se apartó de sus tranquilas aguas y se dejó llevar por la corriente. Cuando quedó atrapado por ella, viajó rumbo a lo desconocido. Lejos, muy lejos. Y a medida que se alejaba de su helado mundo, comenzó a derretirse.

Y se derritió cada vez más. Primero despacio, después de forma más gradual. Hasta que todo él fue una gran lluvia interior. Ríos de agua fluían por sus paredes y aristas, sus altas elevaciones y rompientes. Perdió el 15 % de su tamaño, y el 20 %, y el 30 %, y el...

El sol y las aguas cálidas lo rebajaron hasta menos del 50 % de su tamaño, por lo que supo que de seguir así iba a fundirse del todo... y a morir.

Pero no regresó.

Quería ver aquellos mundos y a aquellos seres. Su vida tenía un objetivo, un nuevo horizonte, aunque con él perdiera su existencia.

Cuando llegó a su destino, el iceberg curioso quedó extasiado.

En efecto, la tierra era verde, brillante, y las montañas enormes, y había árboles rojos y amarillos, y construcciones muy bellas, y también aquellos seres vivos de los que le había hablado el pájaro.

¡Qué mundo más increíble!

Se quedó allí un día, dos, tres. Algunos seres pequeños, llamados niños, se le acercaron nadando. Jugaron con él, gritando felices. Otros mayores, lo contemplaban atónitos. El iceberg ya sólo tenía el 37,5 % de su tamaño original.

Satisfecha su curiosidad, el iceberg se resignó y emprendió el camino de regreso a casa. Pensó que aún tenía una oportunidad.

Y la tuvo. Logró llegar a duras penas a su mundo, aprovechando las corrientes frías y ascendentes, pero el día que atisbó los hielos que le eran tan familiares, aquellas altas montañas que flotaban en el agua, como él mismo había sido un día, su tamaño apenas era un 5 % del que tenía al partir.

Poco después, el pájaro amigo llegó hasta allí y a duras penas le reconoció. Se posó encima de él como pudo, porque no tenía casi espacio.

—¿Qué te ha sucedido? —se alarmó.

—He pagado el precio de mi curiosidad —le respondió el iceberg—. Pero ha valido la pena. Soy más pequeño e insignificante, pero sé más, mucho más. Y lo que sé ahora me hace más grande que antes. Y lo que he visto en mi viaje, también vale por todo aquello que fui o perdí.

El iceberg había aprendido que el conocimiento siempre es superior a todo lo demás, incluido el tamaño.

El mar está lejos,
no lo puedo ver,
y yo quiero verlo,
¿no voy a crecer?

En las caracolas
que trajiste ayer,
aunque puedo oírlo,
yo lo quiero ver.

Detrás de los montes
debe de estar él,
pero me lo tapan,
¿no voy a crecer?

El mar vive lejos,
y no puede ser
que por ser bajito
no lo llegue a ver.

ROSA QUERÍA VER EL MAR

Rosa tenía nueve años, el cabello negro, la sonrisa eterna, la inocencia en el gesto, el brillo en el alma.

Rosa era una niña que había nacido ciega en un pueblo situado muy, muy lejos, entre las montañas, a miles de kilómetros del mar.

Y Rosa quería «ver» el mar. Es decir, sentirlo.

Una vez, siendo aún más pequeña, le habían hablado del mar, de su inmensidad, de su color, de su belleza, de su paz. Y como Rosa nunca había visto el mar, lo imaginó en su ceguera. Un mundo bello, especial, como el agua con la que se lavaba la cara multiplicada por mil, o por un millón.

El mar.

Se hizo un poco mayor, sólo un poco mayor. Nunca vería el mar, aunque estuviese allí, frente a él, pero ni siquiera soñaba con hacer tan largo viaje. Era un sueño. Su sueño. Podía imaginarlo y soñarlo, como imaginaba y soñaba el cielo, los colores o tantas otras cosas que desconocía.

Hasta que, un día, su abuelo compró algo en el pueblo vecino. Algo mágico, del tamaño de una mano. Algo que pertenecía, o mejor dicho, había pertenecido, al mar.

Una caracola.

El hombre se la regaló a Rosa por su cumpleaños y le dijo:

—Con esta caracola oirás el mar.

Se la aproximó al oído.

Calló.

Unos largos segundos.

Una sonrisa afloró en los labios de Rosa.

—Sí, lo imagino —dijo envuelta en un sus-

piro—. El mar es blanco y rojo, y es viento y paz. El mar es silencio y amor, y es como una lluvia quieta y la caricia de mi madre. El mar son mis lágrimas, pues me bañan entera cuando las derramo. Y es como la alegría, pues me cubre por completo cuando la siento. El mar es como mi alma, está ahí aunque no se toque. El mar es igual que el cielo, infinito, pues cabe en una caracola.

Y entonces su abuelo, que podía ver y veía mucho más allá que los demás, comprendió y dijo:

—Así es, Rosa. Así es el mar.

DÍA 28

Sueña en alto,
soñador;
llena el aire
de calor;
cubre el suelo
de candor,
y el espacio
de fulgor.
No te canses,
soñador;
que nos roban
el verdor;
pinta nubes
de color,
y la luna
de rubor.
Sueña en alto,
soñador;
llena el agua
de sabor;
rompe muros
de terror,
y los rostros
de rencor.
Sueña, sueña,
soñador.

EL BASURERO GALÁCTICO

Volaba por el espacio en su gran nave plateada.

Surcaba el infinito, yendo de aquí para allá, rastreando el universo en busca de chatarra, desperdicios, basura cósmica.

Era simplemente eso: un basurero galáctico.

Recogía viejas naves rotas y abandonadas, satélites artificiales olvidados y perdidos, restos de cargueros accidentados o cohetes averiados. Los engullía con la enorme boca de captura y los amontonaba en la bodega para inspeccionarlos después y aprovechar lo aprovechable antes de fundir el resto y vender el hierro y los restantes componentes.

Aquella jornada, cuando el localizador le advirtió de la presencia de aquel extraño objeto, casi estuvo tentado de no recogerlo. ¡Era tan pequeño! Sin embargo, sabía que incluso en el cuerpo más pequeño podía aparecer algo de valor. Así que fue a por él.

Jamás había visto nada como aquello.

Por ese motivo, tras haberlo capturado, fue a inspeccionarlo de inmediato.

No era una nave, no era un satélite, parecía una sonda... Encontró un extraño artilugio primitivo. Lo accionó y allí, ante sus ojos, vio algo maravilloso.

Se le apareció un mundo bellísimo, con un gran cielo azul, tierras fértiles, ríos, valles, montañas nevadas y playas de aguas verdes, un sol que daba calor y una luna brillante. Y vio ciudades, incluso una especie de vida inteligente no muy distinta a la suya, aunque... sí,

tenían sólo dos ojos, dos orejas, dos extremidades superiores y dos inferiores... ¡Y parecían felices!

Œæ⋦¶π€, el basurero galáctico de Åµ|]øπ¥å[∑@∫, suspiró por sus dos narices y agitó sus dos antenitas. Luego miró sus tres brazos y sus cinco piernas con su enorme ojo central. Y mientras veía aquellas imágenes, pensó en su planeta, tan estéril, tan vacío, tan gris y triste, oscuro, frío, donde la supervivencia era casi un milagro.

De repente se oyó un sonido.

—Procedemos de un lugar llamado Tierra —anunció algo parecido a una voz—. Somos pacíficos. Os invitamos a venir.

Pero Œæ⋦¶π€ no entendió aquel lenguaje tan primitivo, articulado, ni mucho menos mental, como el de su especie.

Volvió a suspirar.

Y regresó a su casa, preguntándose dónde estaría aquel lugar tan bello en el infinito que lo envolvía, y por qué algunas especies eran tan afortunadas.

En el calendario,
la primavera.
Con las mariposas
las niñas juegan.

Mañana radiante
de primavera.
Abraza a las flores
la jardinera.

Y las golondrinas
en primavera
retornan alegres
por las veredas.

Los árboles dicen
que es primavera
con sus voces llenas
de hojitas nuevas.

Llegó hace unos días
la primavera
trayendo en su bolso
besos de seda.

LA PRIMAVERA INQUIETA

En cierta ocasión, al comienzo de los tiempos, la primavera, que era muy coqueta, llamó al invierno, al verano y al otoño para discutir con ellos lo monótono de sus existencias.

—Oídme —les dijo—. ¿No os parece aburrido ir siempre uno detrás del otro; primavera, verano, otoño e invierno; primavera, verano, otoño e invierno; y así siempre, igual todos los años?

—Bueno, es que... —trató de decir el frío invierno, que siempre estaba helado.

—Nada, vamos a cambiar —le cortó ella—. Este año lo haremos al revés. Después de mí llegará el invierno, le seguirá el otoño y cerrará el verano. ¡Será divertido!

La primavera se puso a dar saltos de alegría.

No lograron convencerla, era muy testaruda. Además, el invierno tenía frío, el otoño era muy lánguido y al verano, con su calorcito, le daba igual detrás de quién fuese, porque se sentía el más privilegiado. Así que empezó el caos. Después de una primavera agradable y hermosa, se presentó un invierno duro y gélido, y a continuación un otoño triste y nostálgico, rematándolo todo un verano hermoso y cálido. Esto duró tres años.

Sí, fue caótico.

Las plantas no sabían si florecer o no, las cosechas iban locas, las temperaturas no tenían claro si subir o bajar, y los animales, desconcertados, dudaban entre reproducirse o esperar. Nadie sabía a qué atenerse.

Volvieron a reunirse las cuatro estaciones, y la primavera les dijo entonces:

—Lo hicimos mal. Esta vez vamos a cambiar cada año. Por ejemplo, primero saldremos así: verano, primavera, invierno y otoño, y al siguiente, yo apareceré dos veces seguidas y el invierno se tomará vacaciones. Y al otro...

—Primavera —se oyó entonces la voz del tiempo—, ¿y si te eliminamos y dejamos tan sólo las otras tres estaciones?

El tiempo no hablaba nunca. Cuando lo hacía, era por algo muy grave. Todos lo sabían en el equilibrio cósmico y en la armonía natural. Así que se quedaron muy expectantes, sobre todo la primavera, que se echó a temblar asustada.

—Yo... so-so-sólo quería...

—En el universo debe existir el orden —continuó la voz del tiempo—. Si todos jugamos a cambiarlo, ¿qué puede esperarse del futuro?

La primavera bajó la cabeza llena de flores.

—Lo comprendo —suspiró.

Ya no se habló más. El tiempo calló, y las estaciones se miraron entre sí. El frío invierno, majestuoso con su gélida prestancia. El lánguido otoño, hermoseado con sus colores nostálgicos. El estremecedor verano, rebosante de calor y exuberancia. Y la insólita primavera, repleta de vida y sueños.

Las estaciones, desde entonces, se suceden siempre igual: primavera, verano, otoño e invierno. Sin embargo, no por esa circunstancia la primavera dejó de ser la más coqueta de las cuatro, por ello aún hoy sigue siendo la estación del amor, del renacer, de la ilusión, de la vida.

La pequeña gran reina del año.

Cuéntame un cuento,
que quiero cerrar los ojos
y quiero que calle el viento.

Cuéntame un cuento
que tenga dos mil colores
para pintar los lamentos.

Cuéntame un cuento
que me salpique la espuma
del mar de los sentimientos.

Cuéntame un cuento,
que quiero borrar las huellas
de caminos polvorientos.

Cuéntame un cuento
o dos o tres o cuarenta,
setenta y cinco o quinientos.

UNA VENTANA CON BUENA VISTA

Cuando lo dejaron en la habitación del hospital, con los ojos vendados, Juan preguntó en voz alta:

—¿Hay alguien ahí?

Y otra voz le respondió:

—Me llamo Ismael. Soy su compañero de habitación.

—He tenido un accidente. No podré ver nada hasta que me quiten las vendas —dijo el recién llegado.

—Lo siento —suspiró el hombre llamado Ismael.

—¿A usted qué le pasa? —se interesó el primero.

—Bueno, yo me iré pronto de aquí —volvió a suspirar Ismael.

—¡No sabe cuánta angustia me causa a mí esta fatalidad! —se lamentó Juan—. ¡Es tan duro estar a ciegas! Me siento el hombre más desafortunado del mundo, y también el más triste.

—Sí que lo parece usted. El hombre más triste de todo el mundo.

—No sé si podré soportar estos días a oscuras. ¿Tenemos alguna ventana?

—Sí —dijo Ismael transcurridos unos breves segundos de extraña pausa—. Precisamente estoy junto a ella.

—¿Y qué ve? Cuente, ¡cuente! ¡Sea usted mis ojos por unos días! ¡Cuénteme cómo son la vida y el mundo al otro lado de esa ventana!

La pausa, esta vez, fue mayor.

Un largo y extraño silencio.

—¿Está usted ahí? —inquirió Juan.

—Desde aquí veo un parque lleno de niños que están jugando al sol —comenzó de nuevo Ismael—. Los bancos están repletos de padres y madres, abuelos y abuelas, jóvenes que pasean, hombres y mujeres que leen. Gente feliz aprovechando este hermoso día de primavera.

—¿Y la calle? ¿Hay coches? ¿Cómo son las casas?

—No hay mucho tráfico, porque se protege la paz de este hospital. Pero el que puedo ver es ágil y rápido. Autobuses llenos de personas que van y vienen, automóviles preciosos y relucientes, bicicletas que circulan con toda calma. En cuanto a las casas, son hermosas, con ventanas abiertas, muchas plantas y flores en los balcones, puertas de colores y azoteas de pizarra.

—¡Oh, siga contando, siga! ¡Lo hace usted muy bien! —aplaudió Juan—. ¡Usted es de esas personas capaces de captar hasta los más mínimos detalles de las cosas! ¡Qué suerte! ¡Ya no estoy triste! ¡Cuénteme cuanto vea, todos los detalles! ¡Ahora comprendo que antes caminaba con los ojos abiertos pero sin ver nada!

Ismael volvió a hablar.

Le contó a Juan cómo era el cielo, las nubes, la tierra que se dibujaba a lo lejos, en el le-

jano horizonte, pues según él se encontraban en un piso muy alto del hospital. Le contó a qué jugaban los niños y las niñas del parque, y cómo eran las parejas que paseaban cogidas de la mano. Le contó todo y más.

Y no sólo aquel día.

También los siguientes. Todas las mañanas. Todas las tardes. Todas las noches.

Relatos llenos de encanto, de imágenes, de visiones únicas, que apreciaban hasta el más mínimo detalle, toda curiosidad, todo lo susceptible de ser contado.

Nadie fue más feliz que Juan durante aquellas jornadas.

Una mañana, al despertar, llamó:

—¿Ismael?

No obtuvo respuesta.

—¿Ismael?

Apareció una enfermera. Ella le dijo que Ismael había muerto durante la noche, durmiendo, plácidamente.

—Pero ¡si me dijo que saldría pronto de aquí! —se extrañó Juan.

—Claro —manifestó la enfermera—. Sabía

que iba a morir y que le quedaba muy poco de vida. Era una gran persona. Imagino que no quiso decírselo a usted para que no se entristeciera.

Juan se quedó muy apenado, aunque al día siguiente, por fin, le iban a quitar los vendajes. Pasó el tiempo en silencio, contando las horas que le quedaban para volver a ser el que era, y por la mañana, después de comprobar que sus ojos estaban perfectamente, quiso regresar a la habitación para ser testigo de todo lo que Ismael le había contado durante los días de ceguera.

Quería ver el mundo desde aquella ventana, y con sus ojos.

Pero también como último recuerdo y homenaje al hombre que le había ayudado a no estar triste.

Entonces vio Juan que al otro lado de la ventana no había nada.

Tan sólo una pared de piedra.

Y comprendió aún más el valor de lo que le había contado Ismael.

Sueño que sueño
¡despierto estoy!
Vuelo que vuelo
¡dormido voy!

Sueño y pregunto:
¿soy yo quien soy?
Voy en un sueño
¿voy o no voy?

No sé si vuelo.
¡No sé quién soy!

LA COMETA VIAJERA

Una cometa volaba todos los días sobre la playa.

Lo hacía orgullosa, majestuosa, extendiendo sus alas de papel batidas por el aire juguetón que la llevaba de un lado para otro.

La cometa era feliz.

Pero a veces veía pasar los pájaros, libres, y las nubes, etéreas, y miraba hacia abajo, en dirección al niño que la hacía volar, sujetándola y gobernándola con la cuerda que la mantenía atada, unida a su mano y al suelo.

La cometa se preguntaba qué pasaría si aquella cuerda se rompiese.

La cometa, a veces, tiraba un poco más, y un poco más, probando...

La cometa quería ser como los pájaros y las nubes.

—¿Quién soy? ¿Qué soy? —se preguntaba a veces.

Entonces, una mañana, la cuerda se rompió.

¡Oh, cielos! La cometa echó a volar, y a volar, y a volar, arrastrada por el viento, llevada hacia las alturas, batida como una estrella inofensiva. Se sintió emocionada, subió por los toboganes invisibles del aire, y bajó por los vértigos alucinantes de aquella inmensidad.

Sin embargo... no era dueña de sus actos, ni de sus giros, ni de su propia existencia. La gobernaban el viento, el frío y el calor. Sin aquella cuerda que la mantenía firme y quieta...

La cometa casi llegó a destrozarse contra el suelo. La cometa casi llegó a perderse en las alturas. La cometa acabó estrellándose contra unas altas torres metálicas.

Quedó allí, atrapada, inmóvil, rota.

La lluvia la castigó. El frío la rompió. El calor le hizo perder sus colores.

Abajo vio a su dueño, al niño que la había construido, y que la había hecho volar.

Y comprendió que su destino no era el de los pájaros, ni el de las nubes, sino, simplemente, ser una cometa.

Cuando cayó al suelo, mucho tiempo después, arrancada de nuevo por una ráfaga de viento, el niño estaba allí, esperándola.

La tomó en las manos, la llevó a su casa, la reparó, la pintó de nuevo con papeles de colores y, finalmente, volvieron a la playa.

El primer nuevo día de su existencia, la cometa se sintió feliz.

Saludó a los pájaros, y a las nubes, y al viento, y al sol, y a la vida.

Y se aferró a la cuerda que le daba seguridad y la unía a la mano del niño, su dueño, sintiéndose como un hijo de papel aferrado a sus padres de carne y hueso.

—¡Soy una cometa! —proclamó con orgullo.

Todavía podéis verla volar, en cualquier playa.

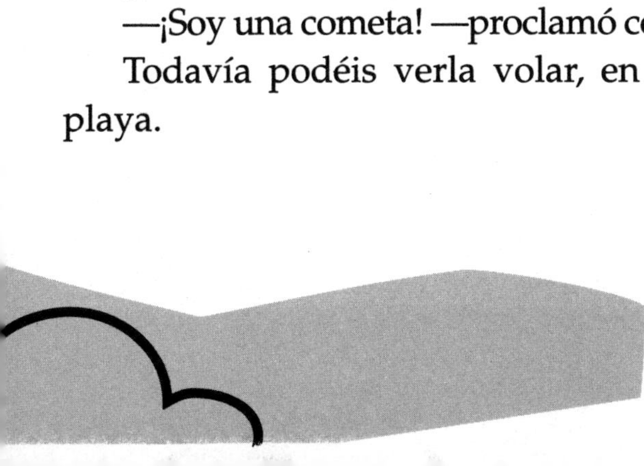

Y los juglares arrancaron
la última página del calendario
de aquel mes cualquiera,
de ese año que tanto amaste,
de la vida que creíste soñar,
y echaron a andar despacio,
sonriendo,
cantando,
felices.

ÍNDICE

Leo xq leo 5
El viejo poeta 13
Las manos del viento 17
El pequeño punto casi invisible 21
La petición 27
El caballo blanco 31
Los problemas del pescador 35
El niño que jugaba a matar flores 39
El gran salto 43
El ladrón de sueños 47
Los enviados del rey 51
El día que nació el trigo 57
Un cuento rarísimo 61
La luna y el estanque 67
La suerte tiene dos caras 71
El jardinero que pidió lluvia y sol 77
El ciego, el sordo y el mudo 81
La estrella y el pez 87
El gusano y el genio 91
La niña del espejo 97
El honor del saltamontes 103

El primer cuento de la historia 107
El secreto del árbol 111
El vendedor de ilusiones 117
La isla perdida. 121
Los dos pájaros 125
El iceberg curioso 129
Rosa quería ver el mar 133
El basurero galáctico 137
La primavera inquieta 141
Una ventana con buena vista 145
La cometa viajera 151

Jordi Sierra i Fabra. Nací en La Tierra en 1947. El lugar es lo de menos, aunque por lo visto fue en Barcelona. A los 8 años demostré que una puerta de cristal no era irrompible y empecé a escribir. A los 12 ya hacía tochos de 500 páginas. Aún no he parado. Dicen que tengo mucho rollo, así que lo complicado de este libro fue escribir cuentos de una página. Mis cuatro únicas aficiones son escribir, escuchar música a toda pastilla, ir al cine por las noches y viajar, viajar, viajar... Vivo más en los aviones que en tierra, pero el mundo sigue siendo lo más bello y fascinante que tenemos para ver, escuchar, tocar, sentir... Bienvenidos a él, por si aún no os habéis dado cuenta de vuestra suerte.

Antonio García Teijeiro. Nací en Vigo allá por el año 1952. Me encanta jugar con las palabras y contar cosas alrededor de los sentimientos. Por eso soy poeta, aunque también escribo narrativa con olor a poesía. Gané algún que otro premio (algo que no quiere decir nada), pero me emocioné leyendo en gallego mis poemas en la Universidad de Padua, cuando me concedieron el Premio europeo Pier Paolo Vergerio. No puedo vivir sin la literatura (leo mucho), y sin la música (me gusta toda la que considero buena). Bob Dylan es mi preferido. Casi todos los viernes voy al cine y los sábados hago radio. Intento acercar la poesía a las personas. Lo siento, pero es mi obsesión.

Antonia Cortijos Sánchez. Lo más duro del mundo no es ser ilustradora o pintora, ni tampoco estar casada con un escritor y tener amigos escritores. Lo más duro es, siempre, ilustrar un libro de tu marido y de tu amigo. Y éste es el caso. *Cuentos y poemas...* es una obra tan especial que no pude sustraerme a su encanto. Fue como si nada de lo hecho hasta este momento sirviera de mucho. Pero es un privilegio que en mis años de profesión aún existan milagros como éste.

Ah, nací en Barcelona, mis padres son de Águilas e Islaplana respectivamente, soy ciudadana del mundo, estudié en la Escuela Massana y dicen que siempre parezco feliz.

Camaleón, serie verde
A partir de 10 años

Un caso grave de fantasmas
Kenneth Oppel

Sopaboba
Fernando Alonso

Aventuras de «la mano negra»
Hans Jürgen Press

Oliverio junta preguntas
Silvia Schujer

Las aventuras de los detectives del faro
Klaus Bliesener

Dos caballos
Gemma Lienas

Mala baba
Aro Sáinz de la Maza

Del Laberinto al 30
Carlos Goñi

Las locas aventuras del caballero y su juglar
Carmen Gil

Cuentos y poemas para un mes cualquiera
Jordi Sierra i Fabra / Antonio García Teijerio

La tumba tenebrosa
George F. Was

La maldición del arquero
Joan Manuel Gisbert

El rescate
Carlos Villanes / Isabel Córdova